NEOLIBERALISMO
Y CORRUPCIÓN

Los 90: la década infame de América Latina

Jorge Zicolillo

NEOLIBERALISMO Y CORRUPCIÓN

Los 90: la década infame de América Latina

CONJURAS

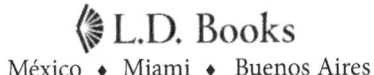
L.D. Books

México ♦ Miami ♦ Buenos Aires

Neoliberalismo y corrupción
© Jorge Zicolillo, 2010

 **L.D. Books**

D. R. © Editorial Lectorum, S. A. de C. V., 2010
Centeno 79-A, col. Granjas Esmeralda
C. P. 09810, México, D. F.
Tel. 5581 3202
www.lectorum.com.mx
ventas@lectorum.com.mx

L. D. Books, Inc.
Miami, Florida
sales@ldbooks.com

Lectorum S. A.
Buenos Aires, Argentina
ventas@lectorum-ugerman.com.ar

Primera edición: marzo de 2010
ISBN: 978-1502-709-592

© Portada: Victoria Burghi
© Imagen de portada: Victoria Burghi

Impreso y encuadernado en México.
Printed and bound in Mexico.

Introducción

"Declaro a la corrupción delito de traición a la patria."

Carlos Saúl Menem

"Mi primer acto como presidente será mandar
presos a una sarta de corruptos."

Fernando Collor de Mello

En estos tiempos, los resultados y consecuencias del neoliberalismo y la globalización comienzan a ser cada vez más objeto de estudios críticos a nivel mundial. Los supuestos beneficios de dicho modelo económico-político tardan en hacerse visibles y, contrariamente, aparecen los daños. Entonces, un tema frecuentemente asociado despunta como pendiente de análisis: la corrupción y su eventual funcionalidad al modelo. Éste es el tema que, al menos someramente, procuraremos abordar.

No es sencillo aceptar que cuando un proceso se replica casi de manera idéntica en varios países del mundo, especialmente en América Latina, que fue la última en llegar a la estación neoliberal, responda exclusivamente a la inmoralidad de los protagonistas. Hay algo allí que tal vez determine un correlato demasiado recurrente como para deberse al azar.

Es por ello que elegimos, para esta obra, una estructura que combina ambos factores: la responsabilidad individual y los propulsores sistémicos.

Observando el proceso desde la región en conjunto, asomarán estrategias y resultados repetidos, consecuencias que podrían haber sido previstas de antemano y un notable bastardeo de la política, en general, y de los partidos políticos, fundamentalmente los históricos, en especial.

En esta parte del mundo y como en tiempos de la Colonia, las metrópolis han aplicado esquemas calcados para cada una de las regiones bajo su influencia, sin atender a las características particulares de cada una. La Latinoamérica de los 90, atrapada por el peso de una deuda externa incompatible con sus posibilidades de respuesta, fue recolonizada, esta vez por un diseño económico que se aplicó en cada uno de los países, obviando diferencias, grados de evolución y resistencia para soportar un modelo que, en muchos casos, llegaba para remover en un solo movimiento prácticas y estructuras con décadas de historia. La política de *shock*, tal la denominación de la ortodoxia neoliberal, llegó a producir daños que, a casi dos décadas de distancia, continúan repercutiendo en los distintos entramados sociales de los países que la sufrieron.

En equitativo análisis, hablaremos de los logros que, al menos temporalmente, dichas políticas "bajadas" desde la usina ideológica neoliberal obtuvieron; en especial, vale citar la erradicación casi total de la hiperinflación latinoamericana.

Por razones paradigmáticas, decidimos detenernos especialmente en lo que fue la administración de Alberto Fujimori en Perú. Dicho gobierno concentró, en tres turnos electorales consecutivos, los peores traumas, históricos y recientes, que han asolado a Latinoamérica. Resumió, también, significativas paradojas: una opinión pública aplaudiendo a un golpe de Estado cívico-militar, tras haber sido la principal víctima de gobiernos totalitarios; y una comunidad internacional (en especial la de la propia región) tolerando un modelo político a contramano de la historia.

No casualmente Alberto Fujimori, de entre todos los presidentes civiles perseguidos por la justicia, es el único condenado por asesinato.

Nos detendremos también en el análisis histórico-político de ese hermoso país centroamericano que es Guatemala, porque allí se resume de manera amplificada y dramática buena parte de lo que fue la historia de América Latina en términos políticos y económicos. Guatemala no es, por supuesto, ni Argentina, ni Brasil, ni México, pero pone en primer plano lo que en los tres países más grandes de la región ocurrió en sordina. Eso no impedirá que hablemos de Menem, Collor de Mello, Carlos Andrés Pérez y otros mandatarios sobresalientes en esa etapa.

Hoy, cuando la crisis financiera desatada en los Estados Unidos por obra de la mayor maniobra especulativa de que se tenga memoria ha dejado a la vista las entrañas de un modelo económico-político que sacó al ser humano del centro de las razones de la economía, vale la pena repensar causas y efectos. Con serenidad, sin histerias, intereses ni ideologismos de ocasión. Vale la pena saber qué nos pasó y por qué, única fórmula útil para que podamos crecer como sociedades libres y autodeterminadas.

Capítulo 1
CUANDO NO HAY ALTERNATIVA

"El Estado no soluciona los problemas; los subsidia."

Ronald Reagan

"Vivimos en la era de la televisión. Una sola toma de una enfermera bonita ayudando a un viejo a salir de una sala dice más que todas las estadísticas sanitarias."

Margaret Thatcher

En la organización de una sociedad, la economía, la sociología, la antropología, la historia, etc., deberían ser ciencias auxiliares de la política, partiendo de la base de que, para ésta, el hombre debe ocupar el centro de la escena. Sin embargo, ello no ha sido así durante larguísimos períodos históricos, en especial en el que comenzó hacia mediados de los años 70 del siglo XX, cuando la economía saltó al centro de la escena de la mano de lo que habría de conocerse como *neoliberalismo*; en rigor, nada más ni nada menos que liberalismo neoclásico.

La nueva escuela, que en verdad poco tenía de nueva, porque había nacido a principios de siglo de la mano de Ludwig von Mises, Friedrich Hayek, Israel Kirzner y Carl Menger, entre otros, y que se conoció como la "Teoría austríaca del ciclo económico", cuestionaba la postura de Keynes en lo que a participación del Estado en la economía se refiere.

Sir John Maynard Keynes, el gran artífice de la salida de la gran crisis de 1930, ponía el acento en la demanda agregada (la cantidad de bienes que se pueden consumir según un determinado nivel de precios) como elemento equilibrador de los altibajos que en la economía producía la "confianza" de los inversionistas y, al mismo tiempo, como incentivo a la producción y, consecuentemente, al nivel de empleo.

Para ello, mediante instrumentos fiscales y monetarios, Keynes ponía en manos del Estado la regulación de la economía, sin entrar en el plano de la economía planificada socialista. Pronto, sus teorías dieron cuenta de una gran efectividad, y el economista británico resultó el triunfador de la larga controversia que venía manteniendo con Friedrich Hayek, una de las principales espadas del neoliberalismo.

Hayek sostenía, en cambio, que tanto capital como dinero y monedas debían estar sujetos a las leyes de oferta y demanda, en el marco de un mercado absolutamente libre de regulaciones. Su disputa con John Keynes comenzó hacia 1931 –estando Hayek en Londres– y concluyó veinte años más tarde, cuando la realidad y los economistas más destacados de entonces tomaron partido por el aristocrático británico.

La suerte de Hayek parecía definitivamente echada, fundamentalmente a partir de su paso por la Universidad de Chicago, en los Estados Unidos, donde fue marginado por sus diferencias metodológicas con la mayoría de los integrantes del Departamento de Economía de la universidad.

Sin embargo, y sorpresivamente, en 1974, Friedrich Hayek obtuvo el Premio Nobel de Economía. Pocos lo alcanzaban a ver entonces, pero nuevos vientos soplaban en algunos países centrales respecto del modelo económico que debía regir al mundo.

Así, ya a punto de retirarse, el austríaco tomó renovados bríos, radicalizó sus teorías y comenzó a recorrer el mundo hablando de la conveniencia de un libre mercado absoluto, basado en la teoría de la competencia perfecta. El monetarismo comenzaba a ser la nueva estrella en el cielo económico y, paradójicamente, la Universidad de Chicago se consagraba como el templo que cobijaba a los renacidos neoliberales de la mano de un flamante astro de la economía: Milton Friedman.

Considerado el padre del monetarismo y el indiscutible cacique de los "Chicago Boys", Friedman trajinó casi todo el planeta publicitando su "economía social de mercado", sin que nadie entendiera muy bien qué hacía la palabra *social* en su receta económica.

Lo cierto es que, se comprendiera o no, muy pronto, los dos organismos creados en Bretton Woods con el objetivo de asistir a los países en dificultades económicas, a fin de evitar una nueva depresión como la del 30 –esto es: el Fondo Monetario Internacional y el Banco Mundial– copiaron el modelo de Friedman y lo aplicaron a rajatabla en los países subdesarrollados.

Desde luego que todos los postulados de Milton Friedman y sus seguidores no hubiesen superado el umbral de lo teórico o lo académico de no haber ocurrido un par de hechos que dieron motor político y práctico a las posturas del economista. En 1979, Margaret Thatcher se convirtió en la primera ministra de Gran Bretaña, con la consigna electoral de sacar al Reino Unido del declive económico que padecía mediante la drástica reducción de la intervención del Estado en la economía. Y un año más tarde, Ronald Reagan ganó la presidencia de los Estados Unidos con un programa idéntico al de Thatcher. Nacía en el mundo el "reagan-thatcherismo".

La teoría del mercado como exclusivo asignador de recursos, y como remedio para todas las desviaciones y enfermedades de la economía plantea, en principio, una pregunta vital para los seres humanos: el libre mercado puro y duro, ¿es sinónimo de desarrollo?

El bengalí Amartya Sen, Premio Nobel de Economía en 1998, acerca una posible respuesta al tema:

"Resulta difícil pensar que es posible conseguir un proceso de notable desarrollo sin utilizar mucho los mercados, pero eso no excluye el papel de la ayuda social, la legislación o la intervención del Estado cuando puede enriquecer –en lugar de empobrecer– la vida humana".

Lo cierto es que, más allá de las voces discordantes, que fueron apagadas muy rápido, el reagan-thatcherismo y la economía social de mercado de Friedman pasaron a ser el único modelo posible de organización económica en las distintas sociedades del mundo occidental.

El flamante recetario era "indiscutible", y no tardó en encontrar sustento político, sociológico y hasta filosófico, alcanzando su expresión más extrema cuando, en 1989, Francis Fukuyama decretó nada menos que el fin de la Historia (con su libro llamado, precisamente, *El fin de la Historia y el último hombre*). Era la expresión más acabada del "pensamiento único", que derivaba de una legendaria frase de Margaret Thatcher respecto del neoliberalismo: "No hay alternativa".

Mientras todo esto ocurría en el mundo desarrollado, en América Latina distintas dictaduras militares iban promediando su reinado o llegaban a su fin. Los respectivos regresos a la normalización democrática y republicana tendrían la impronta de los nuevos tiempos. Pero sería recién al terminar la década de los 80 cuando el nuevo recetario económico llegaría con toda su fuerza; era el ímpetu de un alegre y festejado salto al vacío.

Promotores y socios

El 28 de noviembre de 1990, después de haber privatizado casi todas las empresas que estaban en manos del Estado británico, y tras consumir la totalidad de su capital político, Margaret Thatcher renunció al Partido Conservador que la llevara al poder.

El 20 de enero de 1989, al concluir su segunda presidencia, también Ronald Reagan dejó el poder político en su país.

Empero, más allá de las críticas que a ambos los acompañaron al resignar la gestión, ninguna de las administraciones que los sucedieron modificaron el modelo económico vigente. Más aún: para entonces, casi todo el mundo desarrollado llevaba adelante una cerrada política privatizadora y neoliberal.

Con ese marco ideológico, América Latina se disponía a entrar en la década de los 90. Desde luego, el hecho de que la mayoría de los países de la región hubiesen atravesado procesos dictatoriales más o menos prolongados hacía que casi todos ellos cargasen con una pesada deuda externa, legado que las frágiles democracias iniciales no habían podido disminuir o que directamente aumentaron.

Este segundo marco de referencia era, tal vez, más determinante que el primero. El endeudamiento los había conducido a firmar créditos *stand by* con el Fondo Monetario Internacional y con el Banco Mundial, que, a condición de refinanciar sus deudas –por lo general, sólo los intereses–, los obligaba a adoptar políticas económicas en línea con los preceptos de Friedman, preceptos con los que, por otra parte, los propios organismos comulgaban.

Con algunas excepciones, al comenzar los 90, la mayoría de los Estados latinoamericanos poseían una gran cantidad de empresas propias. Ferrocarriles, teléfonos, agua, electricidad, gas, petróleo, aviación y correo formaban parte del menú que, al ritmo de los tiempos, debían pasar a manos privadas; no sólo porque ésa era la política imperante en el mundo, sino porque las privatizaciones constituían parte de las exigencias de los organismos de crédito. Varios cientos de millones de dólares estaban en juego.

Por supuesto que en países con una fuerte tradición de participación estatal en la economía, el proceso privatizador no llegó de un día para el otro. Primero, toda una serie de consultoras y fundaciones económicas de orientación neoliberal desperdigó economistas que saturaron pantallas de televisión, micrófonos de radio y páginas de diarios y revistas.

El mensaje en cascada, favorecido por la histórica burocracia imperante en las empresas estatales, cerró sin demasiados inconvenientes la ecuación en la que la opinión pública era una de las patas sustanciales.

En países como la Argentina, por ejemplo, hubo periodistas televisivos, muy en boga en esos momentos, que organizaron marchas ciudadanas en favor de la más rápida y absoluta privatización de todo cuanto estuviese en manos estatales. Algunos creían en lo que decían; otros, sin duda, y de variadas formas, cobraban por hacerlo.

Pero si convencer a la opinión pública era una tarea determinante, contar con el acompañamiento de las clases políticas vernáculas no era menos sustancial. En términos generales, la conducción política latinoamericana llegaba hasta los comienzos de los 90 con un modelo de pensamiento básicamente estatista. Los regímenes más populares que en diferentes períodos habían gobernado Brasil, la Argentina, Chile, Bolivia y Perú, entre otros países, consideraban —y con razón— que las empresas estatales eran parte del patrimonio nacional y del esfuerzo económico de la población. Políticamente, eran gobiernos que representaban la soberanía del país en dichas áreas. No ignoraban, además, que la privatización conllevaba, inexorablemente, un programa de cesantías de una buena parte de los trabajadores de dichas empresas. Sin embargo, tal cual formula Federico García Morales:

"La introducción de las privatizaciones masivas en América Latina se facilita a partir del derrumbe de las experiencias desarrollistas, de crecimiento hacia adentro, con algún contenido socialista o nacionalista. Muy particularmente, vienen a operar en las revanchas que siguen a la detención de la Revolución boliviana, el ocaso de la experiencia allendista, peronista y velazquista… El fuerte retroceso de la organización obrera, el desastre centroamericano y la descomposición del sistema soviético crearon condiciones para una ofensiva burguesa, así como para la extensión de nuevas formas de coloniaje neoimperial, que ya no encontró restricciones para acceder al control de la producción y del excedente en el continente del sur".

Así las cosas, si había que privatizar, "algo" debía quedar a cambio para los oficialismos que llevasen adelante una tarea que tendría mucho de traumática.

El proceso, entonces, que a la luz de los resultados posteriores significó una pérdida fenomenal de patrimonios nacionales con pocas o nulas ventajas en cuanto a la eficiencia y estándares de producción de las empresas privatizadas, desembocó en un nuevo modelo de corrupción que, como nunca había pasado en Latinoamérica, terminó con presidentes destituidos, ex presidentes presos o procesados y toda una locura de transferencias económicas de unas manos a las otras, sin que, realmente, el Paraíso Terrenal prometido por Friedman despuntase alguna vez en el horizonte.

Regresando a García Morales, el ensayista define así al modelo privatización-corrupción desplegado en América Latina:

"Rara vez el proceso de privatización es conducido de manera transparente, y con mucha frecuencia contiene: a) cláusulas secretas que son de la conveniencia de alguno de los contratantes; b) ventajas pecuniarias aceptadas por los representantes de la parte estatal; c) participación de funcionarios o de parientes o prestanombres del gobernante en el directorio de la nueva sociedad; d) perspectivas de integración a conglomerados no definidos en el convenio público; e) condiciones tácitas para el progreso de condonación de pagos a futuro; f) condiciones en corto para repartos de parte o del total de la indemnización;

g) convenciones que afectarán los derechos de los trabajadores o derechos de terceros".

Lo curioso de la situación fue que, en una buena cantidad de países fuertemente privatizados, la misma oposición política que alzó la voz ante la abrumadora suma de irregularidades con que dichos procesos se conducían, convalidó y hasta profundizó esas irregularidades al transformarse luego en oficialismo.

En este aspecto, la Argentina fue un caso paradigmático, porque la Alianza (Unión Cívica Radical y Frente Grande) que derrotó al Partido Justicialista en 1999 fue expulsada del gobierno por manifestaciones populares dos años más tarde, luego de haberse comprobado, entre otras cosas, que les había pagado a senadores justicialistas y de sus propios partidos para que votaran una reforma laboral que conculcaba derechos esenciales de los trabajadores. Dicha reforma, vía Fondo Monetario Internacional, había sido pedida por las empresas privatizadas.

Herencias similares

Las dictaduras militares que gobernaron en América Latina desde finales de los años 60 hasta mediados de los 80, siempre auspiciadas por el gobierno de los Estados Unidos y preparadas y financiadas por la CIA, tuvieron diferentes objetivos político-económicos básicos, según el momento histórico en que gobernaron. En la primera etapa, que podría situarse entre finales de los 60 y finales de los 70, se dedicaron a consolidar el anticomunismo reclamado por la Casa Blanca en el marco de la Guerra Fría y a profundizar los procesos de dependencia económica que le asegurasen a la metrópolis mercados dóciles, buen flujo de dinero y la pervivencia de los países subdesarrollados en su condición de productores de materia prima, que le facilitara a los Estados Unidos una relación de intercambio fuertemente favorable.

Ya comenzando la década de los 80, y en el marco de una Guerra Fría que se extinguía en virtud de la creciente desintegración del bloque comunista, las dictaduras en proceso de repliegue cumplieron un segundo cometido antes de salir definitivamente de la escena política latinoamericana: terminar de erosionar los liderazgos —ya bastante desgastados— de los grandes partidos mayoritarios y preparar el terreno para el nuevo proceso económico que se imponía en el mundo.

Una ligera revisión de lo que fue el tránsito hacia la vida institucional de alguno de estos países bastará para ejemplificar el funcionamiento de un modelo general aplicado a toda la región. La Argentina recuperó la democracia en 1983 de la mano de la Unión Cívica Radical, con Raúl Alfonsín a la cabeza. Pero el triunfo pronto comenzó a mostrar el dilema que habría de ser para los nuevos gobernantes conducir la deteriorada nave a buen puerto. Algunos de sus males eran: deuda externa exorbitante, salarios deprimidos, un poder judicial colonizado por los militares y una economía doméstica degradada. A eso se sumaba ya el coro de voces que pedían ajustes y privatizaciones diseñadas al paladar del neoliberalismo reinante.

Envuelto en una hiperinflación insoportable, Raúl Alfonsín debió abandonar el gobierno seis meses antes de cumplir su mandato constitucional. Lo heredó el Partido Justicialista, que poco tenía del peronismo tradicional que habían conocido los argentinos. Al frente del partido de Perón estaba ahora Carlos Saúl Menem, un riojano carismático y locuaz, pero absolutamente comprometido con el nuevo credo monetarista y privatizador.

En Brasil, el 15 de marzo de 1985, José Sarney asumió la presidencia de la República tras la muerte de Tancredo Neves, candidato original a la presidencia. Su partido, el PMDB (Partido del Movimiento Democrático Brasileño), debía cargar con la pesada herencia que le dejaba la dictadura de Joao Baptista Figueiredo. El monstruo hiperinflacionario que atacó a Alfonsín al principio y al final de su mandato también asaltó la administración de Sarney. Los problemas eran casi los mismos que en la Argentina: deuda externa descomunal, salarios por el piso y reclamos de ajustes y privatizaciones.

En 1987, acorralado por los intereses de la deuda, el Congreso brasileño decretó una moratoria unilateral, tratando de tomar un poco de aire para recomponer los números. La penalización de los círculos financieros fue salvaje y, dos años después, Sarney dejaba el gobierno con una hiperinflación de 2.751 por ciento.

Quien se preparaba, en este caso, para calzarse el traje presidencial era Fernando Collor de Mello, un joven apuesto, arrogante, hijo de una familia de empresarios de medios de comunicación, que llegaba de la mano de un partido casi inexistente. Contaba, sin embargo, con todos los dólares necesarios, provistos por los grupos financieros internacionales, para que encabezara los ajustes y las privatizaciones reclamadas.

El caso de Perú tiene apenas ligeras diferencias, pero el desarrollo del proceso es calcado. El general Francisco Morales Bermúdez, junto a otros militares peruanos, abandonó el gobierno en 1980. El nuevo presidente constitucional fue Fernando Belaúnde Terry, quien, al cabo de sus cinco años de gobierno, había dejado a un Perú mucho más pobre, sumido en la sangría de la deuda externa y con un movimiento guerrillero de rara filiación ideológica sembrando terror y muerte entre el campesinado.

De la mano de la Alianza Popular Revolucionaria Americana (APRA), Alan García se convirtió en el nuevo presidente peruano. No solamente fue incapaz de lidiar con una economía en colapso, sino que acabó casi expulsado por su propio pueblo.

Alberto Fujimori, un descendiente de japoneses montado sobre un partido que era poco más que un sello de goma, pero apoyado por un APRA en estado de descomposición, llegaba a la casa de gobierno peruana dispuesto a llevar adelante el ideal privatizador.

El caso Chile

Dos países, empero, rompieron con el esquema general que rigió para el subcontinente cuando las potencias centrales (los Estados Unidos, en particular) decidieron que las dictaduras militares debían viajar a cuarteles de invierno: Chile y México, que fue la gran excepción respecto de la instauración de regímenes militares en el poder.

La dictadura de Augusto Pinochet en Chile se extendió a lo largo de quince años (1973-1988) y fue la única administración militar de la región que llevó adelante en forma casi completa la nueva arquitectura estatal en tiempos de neoliberalismo extremo.

El proceso monetarista en Chile fue la verdadera prueba de laboratorio desarrollada en América Latina. Ya en 1975, Pinochet había incorporado a su gobierno un grupo de economistas que, aunque egresados de la Universidad Católica de Chile, tenían posgrados en la Universidad de Chicago, máximo exponente de las teorías de Milton Friedman y de su maestro, Friedrich Hayek.

Pronto, los "Chicago Boys" chilenos iniciaron una absoluta desregulación de la economía, redujeron dramáticamente los planteles de trabajadores del Estado despidiendo a 30% de ellos, limitaron el gasto fiscal recortando planes de asistencia social, educación, salud y vivienda, aumentaron el IVA y se lanzaron a una vertiginosa privatización de las empresas del Estado.

En 1977, los monetaristas del mundo hablaban ya del "milagro chileno", apoyados en las cifras de la macroeconomía exhibidas por el país que, con mano de hierro, administraba Augusto Pinochet.

En 1983, la realidad reapareció con toda su inapelable contundencia: la desocupación había pasado de 4.3% a 22% en ocho años; los salarios reales se habían derrumbado 40%; la riqueza se había concentrado a tal punto que cerca de las tres cuartas partes de la renta nacional estaba en manos de veinte familias; la pobreza superaba 45%; existía uno de los niveles de desigualdad social más altos de la historia; el endeudamiento privado era sideral y la dependencia de la economía chilena con el mercado externo, casi absoluta.

Chile había hecho su "revolución neoliberal" de la mano de un dictador sanguinario.

México y después

México, por su parte, es un país bastante atípico en el concierto de América Latina. En 1928, Plutarco Elías Calles creó el Partido Nacional Revolucionario, que habría de albergar a casi todos los veteranos de la Revolución Mexicana y que, un año después, llegaría al poder.

Desde entonces, y hasta el año 2000, el mismo partido con diferentes nombres (en 1938 fue el Partido de la Revolución Mexicana y en 1946, Partido Revolucionario Institucional, PRI) gobernó México sin solución de continuidad.

No hubo en el país dictaduras militares y, por el contrario, el mexicano se convirtió en uno de los Estados que más exiliados políticos albergó en tiempos de tiranía.

Sin embargo, México no fue, ni podía ser, ajeno al vendaval privatizador que llegaba desde el resto del mundo, y de manera especial desde su controversial vecino: los Estados Unidos.

De la mano de Miguel de la Madrid, el país abandonó las políticas progresistas y nacionalistas que había llevado adelante durante años y se metió en el nuevo proceso que arrancó en 1984 y se extendió hasta el 2000. En dicho año, por primera vez en su historia, el PRI debió abandonar el poder, sumido en el desprestigio y cruzado por la corrupción.

Lo cierto es que tras dieciséis años de reformas que supuestamente debieron haber saneado las finanzas públicas, fortalecido al sistema productivo poniendo en manos privadas las empresas y eliminado el peso fiscal, de acuerdo con el recetario de Chicago, México terminó gastando mucho más dinero que el que recibió, al tener que absorber deudas que superaban los precios de venta de su patrimonio; resignó los ingresos que, mejor o peor, aportaban las empresas privatizadas al fisco y, con la excepción, posiblemente, de ferrocarriles y telefonía, no logró mayores niveles de eficiencia en los servicios.

El extendido proceso de "reconversión" llevado adelante en México involucró a tres presidentes: Miguel de la Madrid, Carlos Salinas de Gortari y Ernesto Zedillo. Los tres estuvieron rodeados por procesos inflacionarios galopantes, trepada del desempleo, aumento de la deuda externa, crisis fenomenales (como la "del tequila", por ejemplo) y caída en el nivel del poder adquisitivo de los trabajadores. El triunfo de Vicente Fox en las elecciones del año 2000 marcó los costos que había debido pagar el partido gobernante para entrar en la globalización.

Un año después de la llegada de Fox a la presidencia de México, buena parte de la euforia monetarista ya comenzaba a apagarse.

Los sucesivos ajustes en las economías latinoamericanas, sumados a la enorme transferencia de divisas en calidad de deuda externa de los países más pobres hacia el mundo rico y el relativo fracaso del proceso privatizador que en muy contadas ocasiones realizó las inversiones prometidas, sumieron a América Latina en una crisis que tendría su punto álgido con el desplome de la Argentina en 2001.

A los *defaults* económicos, explícitos o implícitos, que a manera de dominó comenzaron a sucederse en la región, le siguieron dramáticas convulsiones políticas desatadas por el fuerte proceso de empobrecimiento.

Los organismos financieros, tanto como las recetas que habían propuesto, iniciaron un camino de desprestigio que no sería infundado.

A mediados del 2007, todo el paraíso terrenal de los "muchachos de Chicago" se hundió bajo el peso de su propia irrealidad. Un opulento, arrogante y parasitario sistema financiero se había tragado a la economía real de la que se nutría.

Capítulo 2
GALERÍA DE NOTABLES

"¡Voy a liquidar al tigre de la inflación con una sola bala!"
Fernando Collor de Mello

"Me siento totalmente Rambo. ¡Soy el loco 00!"
Abdalá Bucaram Ortiz

Fernando Collor de Mello no carecía de prosapia política. Su padre había sido gobernador de Alagoas en los años 50 y su abuelo había participado en la Revolución de 1930, desempeñándose luego como ministro de Trabajo de Getúlio Vargas. Egresado de la Facultad de Ciencias Económicas de la Universidad de Brasilia, y luego de la carrera de Comunicación de la Universidad Federal de Alagoas, Collor de Mello no era como su abuelo, que apoyaba la lucha de los más desposeídos.

Era hijo de un tradicional empresario de medios de comunicación, Arnon Alfonso de Farías Melo, quien llegó a la gobernación de Alagoas para enfrentar al Estado Novo que propiciaban Getúlio Vargas y Lindolfo Collor de Mello, suegro de Arnon. Fernando arrancó su raid en las filas de ARENA, el ultraderechista partido de los militares, obteniendo la alcaldía de Maceió. Voló luego al Partido Democrático Social, que habría de permitirle llegar a ocupar una banca como diputado, y un poco más tarde viajó al ascendente Partido del Movimiento Democrático Brasileño, que lo llevaría a la gobernación de Alagoas.

El hombre justo

En 1988, Collor de Mello tenía 39 años, había gestionado el distrito de Alagoas de forma más o menos eficiente y, aunque la oposición y la prensa local lo acusaban de haber favorecido a determinadas empresas en las concesiones públicas y de haber colocado a amigos y entenados en importantes cargos del gobierno, su imagen seguía siendo apetecible para los grupos financieros internacionales y los conservadores brasileños. No estaba instalado como presidenciable entre la opinión pública, no tenía partido (después de la mala gestión de Sarney, había abandonado también al PMDB), su discurso político se asemejaba demasiado al de un empresario, pero, ya por entonces, pululaban por el mundo excelentes formadores de imagen y, con buen dinero detrás, era posible construir un candidato con aspiraciones desde la nada.

Un informe del Centro de Investigaciones de Relaciones Internacionales y Desarrollo define así la construcción de quien habría de ser el próximo presidente de Brasil:

"Arrancó entonces una operación de auténtico *marketing* electoral, sin precedentes en la historia de Brasil y novedosa, incluso, para el conjunto del subcontinente, que consistía en la 'fabricación', prácticamente desde cero, de un aspirante presidencial capaz de batir a los más experimentados políticos del país, cuya ideología causaba inquietud y rechazo a estos círculos conservadores".

Con partido propio, el Partido de la Reconstrucción Nacional, el determinante apoyo de Antônio Carlos de Magalhães, patriarca político de Bahía, y una inversión económica de proporciones, el pujante empresario mediático se alzó con 28% de los votos, dejando atrás nada menos que a Luiz Inácio "Lula" Da Silva, Ulysses Guimarães, Lionel Brizola y Aureliano Chaves.

En segunda vuelta, la cadena multimediática de los Mello entrevistó a una muchacha que había sido compañera de Lula, y la chica acusó al dirigente del PT de haberle pedido que abortara, cosa que ella no hizo. El preciso golpe bajo, junto con las fuertes campañas que los operadores del neoliberalismo venían llevando adelante desde mucho antes de que Collor de Mello saliera al ruedo, lo convirtieron en el nuevo presidente, y asumió el 5 de marzo de 1990 (poco más de dos años después, en septiembre de 1992, debería alejarse en medio de escándalos por negociados).

El miércoles 14 de mayo, el joven prestidigitador, que curiosamente –como pasó en otros países de Latinoamérica con quienes llegaban para privatizar todo lo público– fue apoyado en buena parte por las clases bajas, decretó un feriado bancario que habría que extenderse hasta el lunes siguiente y anunció el primer "corralito" (así se lo llamó en la Argentina), que incautaba, por el término de dieciocho meses, todos los ahorros que superasen los 50,000 cruzados (1,000 dólares). Ésa era la forma en que Collor pretendía domar la inflación: reducir a su mínima expresión la capacidad de compra de los brasileños.

Paralelamente, anunció una inmediata congelación de precios y salarios, a contrapelo de los liberales preceptos que proclamaba, y salpimentó todo con un fuerte aumento en los servicios públicos, para ir poniéndolos a tono con la ola privatizadora que pensaba surfear a lo largo de su mandato.

La política de *shock*, que enfáticamente había negado durante la campaña, apareció de pronto en todo su esplendor. El 1.323% de índice de inflación anual que había heredado de su predecesor, Collor pretendía bajarlo a 3% en un par de meses. Para eso, nadie debía gastar dinero (biblia del monetarismo).

La hoja de ruta del flamante presidente incluía, por supuesto, un amplio plan de privatizaciones que inaugurarían Usinas Siderúrgicas de Minas Gerais (Usimina), la mayor siderúrgica latinoamericana, que además cubría 42% de la demanda de acero en Brasil, y VASP, la poderosa aerolínea de bandera; le seguirían una fuerte reducción en los planteles de trabajadores del Estado, un tipo de cambio libre y efectivo y el cumplimiento con los acreedores externos.

Los despidos masivos de trabajadores del Estado, más la liquidación de inmuebles estatales, apuntaban concretamente a dotar al Tesoro de parte de las reservas necesarias para cumplir con los servicios de la deuda.

La receta no podía ser más ortodoxa, aunque algunos de sus instrumentos indicaran lo contrario. Cualquier economista sabe que el congelamiento de precios y salarios sólo actúa eficazmente sobre estos últimos y que los ahorros bancarios rara vez pertenecen a los sectores económicos más fuertes, porque sus reservas no se acumulan, precisamente, en una caja de ahorro.

Negocios y gastos

Fernando Collor de Mello, casi siempre acompañado de su joven y bella esposa, Rosane Malta, rápidamente se rodeó de sus mejores amigos y comprovincianos, al igual que la mayoría de los presidentes privatizadores de los que nos ocuparemos. Lideraba el grupo Paulo César "PC" Farías, empresario nordestino como el presidente. Escribe Ernesto Poblet:

"Un empedernido entorno de siete comprovincianos del estado de Alagoas compartían el sólido poder del presidente. Se destacaba ahí su brazo derecho, Paulo Farías, íntimo amigo y allegado a la familia paterna de los Collor. Farías y el entorno manipulaban todos los asuntos 'delicados y jugosos' de la gran República Federativa".

Muy pronto, el cerrado núcleo presidencial comenzó a dar indicios de que no todo en el gobierno marchaba por los carriles adecuados. Añade entonces el historiador:

"En medio de rumores y revuelos, se corría la voz de ciertos negocios ilícitos por parte de los alagoanos, considerados verdaderos testaferros del jefe máximo, aunque la titularidad del clan era adjudicada siempre al poderoso Paulo Farías".

Las versiones no estaban muy erradas. Durante el *impeachment* (en inglés, literalmente, "bochorno", un juicio generalmente parlamentario a un alto mandatario) al que habría de ser sometido el presidente por el Congreso en 1992, se comprobó que el circuito del dinero comenzaba cuando los favorecidos (por adjudicaciones de provisiones al Estado con sobreprecios o por licitaciones en el proceso de privatizaciones absolutamente favorables a un oferente) depositaban el dinero del "retorno" en la cuenta de Ana Acioli, secretaria de Collor de Mello, remesas que provenían de empresas fantasmas, pero estaban firmadas, siempre, por Rosinete Melanias, a su vez, secretaria de Farías. Todo ello fue confirmado por el chofer del presidente, Eriberto Francia, frente a la comisión parlamentaria.

Desvergonzado y acostumbrado a la impunidad en la que había crecido, el propio Collor de Mello encendió la llama de las sospechas. El prestigioso pedagogo Paulo Freire describió el modo de vida adoptado por el presidente:

"Había optado por vivir en la residencia de su familia en vez de hacerlo en la residencia presidencial proyectada por Oscar Niemeyer cundo concibió Brasilia. En la 'Casa da Dinda', como se llamaba esta residencia de propiedad de su madre, gastó dinero público sin que el contribuyente se enterase, evidentemente para poder atender mejor sus incontrolables y majestuosos deseos. Mejoró la construcción, construyó una pista de aterrizaje para los helicópteros que utilizaba para su transporte diario con piedras brasileñas de gran valor pecuniario y mandó construir jardines en toda el área externa del inmenso terreno, donde no faltaron una cascada y peces traídos de Japón".

A mediados de 1991 se desató una disputa interempresarial en el mismísimo riñón del gobierno, que desembocaría más adelante con la destitución de Collor de Mello, acusado de delitos gravísimos.

Una cara aventura

En junio del mencionado año, el hombre clave del presidente, Paulo Farías, compró el periódico *Tribuna de Alagoas*, con el fin de competir abiertamente contra la *Gaceta de Alagoas*, propiedad del grupo de multimedios de la familia Mello, que dirigía Pedro Collor de Mello, hermano menor del presidente.

Pedro estaba distanciado de Fernando desde el momento en que comprobó que su esposa estaba manteniendo una relación sentimental con Fernando.

Resentido, y sin consultar con la familia, Pedro se acercó a los redactores de la revista *Veja* y puso en sus manos una enorme cantidad de documentos probatorios del enriquecimiento de Farías gracias al negocio del tráfico de influencias, el desvío de fondos estatales a empresas "cáscara" establecidas en paraísos fiscales, y "comisiones" del orden de 30% cobradas a los adjudicatarios de empresas privatizadas.

Pedro fue separado del directorio del grupo empresarial por la familia, que al mismo tiempo lo acusó de padecer "perturbaciones psicológicas". Pero el benjamín no se quedó quieto. Pocos días después, *Veja* publicó un certificado médico en el que se consideraba a Pedro equilibrado psicológicamente, junto con otro paquete de denuncias que complicaban cada vez más al presidente.

Entre la serie de cargos contra el primer mandatario, que luego dio por probados la Comisión Parlamentaria de Investigación, estaba el caso de la Constructora Odebrecht, un gigante que opera en varios países del mundo. Dice Fernando Villavicencio:

"En 1992, la represa emblemática de la corrupción colapsó en Brasil, arrastrando entre el sedimento al propio presidente Collor de Mello. ¿La causa? Odebrecht había coimeado con 55 millones de dólares a Paulo César Farías a cambio de concesiones. Farías era el testaferro del presidente de la República. En ese mismo sendero, el gobernador del estado de Acre, Edmundo Pinto, fue acusado de desviar recursos por más de 250 millones de dólares en favor de Odebrecht. Según la comisión que investigó el caso, la empresa cobró un sobreprecio superior a los 100 millones de dólares por la realización de obras públicas en Acre. Cuando Pinto se aprestaba a declarar sobre el caso, fue asesinado a balazos. El nexo clave entre Odebrecht y Collor de Mello fue Paulo César Farías, el encargado de pasar el sombrero para financiar la campaña política".

La comisión parlamentaria dio también por probado que Rosane Malta, esposa del presidente, había desviado hacia su cuenta personal 150,000 dólares de fondos de la Legión Brasileña de Asistencia, una institución estatal dedicada a la asistencia de los jubilados del país.

El 29 de septiembre de 1992, la Cámara de Diputados de Brasil aprobó la separación temporaria del cargo de Fernando Collor de Mello, para permitirle al Senado que iniciara el proceso de enjuiciamiento y eventual destitución del mandatario.

Exactamente dos meses más tarde, minutos antes de que los senadores se dispusiesen a votar la segura destitución de Collor, el presidente renunció y emigró a Miami con su familia.

El Senado votó igualmente, y por setenta y siete sufragios contra tres destituyó a Fernando Collor de Mello y lo inhabilitó políticamente por ocho años, mientras una multitud festejaba en las afueras del Parlamento.

En abril de 1993, la justicia dictó la prisión preventiva contra Paulo Farías, pero, para entonces, la mano derecha de Collor ya había abandonado Brasil. Tres años después, tras haber sorteado el proceso judicial, Paulo César Farías y su joven novia, Susana Marcolina, aparecieron muertos en una casa de la playa de Maceió, propiedad del empresario.

Ambos habían sido ultimados de un balazo en el corazón.

Un hombre progresista

Carlos Andrés Pérez, presidente de Venezuela en dos oportunidades (1974-1979 y 1989-1993), comparte con Fernando Collor de Mello el penoso mérito de haber sido expulsado del gobierno, no por el fallo de las urnas, sino por otro de los poderes del Estado. En el caso del brasileño, fue el Parlamento quien forzó su dimisión; a Pérez lo eyectó de la presidencia de la República la justicia.

A diferencia de Collor de Mello, Pérez llegó a su segunda presidencia investido de los logros, fundamentalmente económicos, obtenidos en su primer mandato, cuando a su país se lo llegó a definir como la "Venezuela saudita", en virtud de la opulencia económica lograda a partir de la producción petrolera y su exportación.

El futuro presidente nació en Táchira en 1922, en el seno de una familia de hacendados que perdió su posición social bajo la dictadura de Juan Vicente Gómez. Tras la muerte de Antonio Pérez, su padre, los doce hijos y la madre se trasladaron a Caracas, ciudad en la que Carlos Andrés prosiguió sus estudios y, antes que nada, comenzó a militar en política. Con apenas dieciséis años cumplidos, Pérez ingresó al entonces Partido Democrático Nacional, que luego se convertiría en Acción Democrática.

El brillante muchacho de Táchira tenía apenas veintitrés años cuando el legendario Rómulo Betancourt, fundador de Acción Democrática y ungido presidente de Venezuela, lo llevó al gobierno en calidad de secretario privado. Un año más tarde, Pérez accedió a una banca de diputado.

Formado en la lucha política contra las diversas dictaduras militares que asolaron Venezuela, Carlos Andrés Pérez conoció la dureza de la cárcel y el exilio a lo largo de toda una década. Las elecciones de 1973 lo proclamaron presidente con casi 49% de los votos. No podía decirse que Pérez careciera de méritos para alcanzar la cumbre de su carrera política. Rómulo Betancourt y Rómulo Gallegos habían sido dos de sus mejores maestros, y como ellos, Carlos Andrés Pérez transitaba por entonces el camino ideológico de la liberación latinoamericana.

En ese primer turno electoral, que después de muchísimos años no soportaría asonadas militares, Pérez nacionalizó la industria del hierro y del petróleo, desparramó becas para capacitar a miles de estudiantes de su país en las universidades más prestigiosas del mundo, luchó por la protección del medio ambiente (se le concedió el premio Earth Care por dicha batalla), restableció relaciones con la Cuba de Fidel Castro y con la Panamá de Omar Torrijos, y se opuso denodadamente contra el dictador Anastasio Somoza, de Nicaragua.

En 1977, al promediar su mandato, Venezuela registraba índices admirables en materia de distribución de la renta, de ocupación, salud y educación. En el terreno económico, el producto interno bruto había alcanzado, en apenas tres años, el crecimiento más alto en la historia de Venezuela.

Los últimos dos años de gestión ya no tuvieron el mismo brillo. La opulencia lograda merced a la fabulosa renta petrolera disparó los primeros actos de corrupción que tomaron estado público, se fueron abandonando gradualmente los planes sociales, de educación y salud, y la economía se estancó. Al fin de su mandato, Pérez acabó envuelto en un juicio por corrupción en el que, sólo por un voto, logró evitar la excomunión política. Se había comprobado la compra por parte del Estado del buque *Sierra nevada*, que estaba ya para el desguace, en varios millones de dólares que se repartieron entre el vendedor, el presidente y varios de sus funcionarios.

Imposibilitado de ser reelecto por imperio de la Constitución venezolana, que además le exigía un plazo de diez años para poder aspirar nuevamente a la primera magistratura, el hombre esperó.

Segundas partes...

Carlos Andrés Pérez regresó al sillón presidencial en 1989. En las elecciones de 1988 se había alzado con 53% de los sufragios. Muchos venezolanos de entonces seguían recordando aquellos tiempos de bienestar ocurridos en el primer mandato de Pérez y no dudaron en volver a ungirlo presidente.

Sin embargo, el hombre de Táchira ya no era el mismo; tampoco los tiempos en el mundo se parecían. Nuevos ídolos habían aparecido en el horizonte global y los ideales de justicia social, redistribución de la renta y autonomía del Tercer Mundo respecto de las potencias centrales estaban ocupados por un darwinismo social maquillado de liberalismo neoclásico por una universidad de Chicago.

En 1989, cuando Pérez llegó por segunda vez al Palacio de Miraflores, el péndulo institucional que lo había precedido, gobierno legítimo-dictadura militar, era ya cosa del pasado, si bien un cerrado bipartidismo (Acción Democrática y COPEI, Comité de Organización Política Electoral Independiente) con tufillo antidemocrático había ocupado su lugar.

En el terreno económico, el "gocho" (nombre con que suele designarse a los nacidos en Táchira) se encontraba con tres realidades que habría de tratar de resolver con una receta que era, exactamente, la contracara de la que pusiera en marcha en el primer turno presidencial. Venezuela padecía una inflación galopante, su moneda se devaluaba gradualmente y los servicios de la deuda externa asfixiaban la economía real. Nada diferente de lo que ocurría con la mayoría de sus vecinos latinoamericanos.

Theotônio Dos Santos refleja así el marco general de una situación que se reproducía en casi todo el subcontinente:

"La década del 80 estuvo marcada, en América Latina, por una ofensiva liberal muy fuerte en torno al ajuste de sus economías para pagar la deuda externa. En un período en el que las tasas de interés se elevaron al extremo, la región fue obligada a ajustarse a la creación de un excedente exportador. Se creó un gran superávit comercial para destinarlo al pago de las tasas de interés extremadamente expoliadoras. La tesis que vinimos levantando a lo largo de estos años (y que particularmente André Gunder Frank defendió con tanta vehemencia), de que la función del capital internacional, del sistema económico mundial, era la apropiación y la extracción brutal de excedentes de nuestras regiones, de las regiones dependientes, se mostró evidente".

Con esta realidad frente a los ojos y fiel adherente ya al credo monetarista, Carlos Andrés Pérez puso en marcha todo el arsenal que recomendaban los "muchachos de Chicago": congeló salarios, despidió empleados públicos, aumentó el precio de los combustibles y los servicios públicos, liberó las tasas de interés y el tipo de cambio, redujo los gastos del Estado en 4%, lanzó un cronograma de privatizaciones con la poderosa Compañía Anónima Nacional Teléfonos de Venezuela como nave insignia, y pidió refinanciación al Fondo Monetario Internacional.

Exactamente lo mismo que hacían sus vecinos.

Caída y escándalo

No eran más que recetas válidas para toda la región, aplicadas como el lecho de Procusto, sin tener en cuenta diferencias específicas ni características nacionales. Y a ellas había que "ajustarse", valga la redundancia. Las consecuencias del accionar de Pérez no escapaban a la regla general. Continúa Theotônio Dos Santos, el sociólogo brasileño:

"La generación de este excedente cada vez mayor, que no se convierte en inversión interna y sí se destina al pago de intereses y otros tributos coloniales, obligó a un aumento en la distribución negativa de la renta. Para generarlo fue necesaria una rebaja brutal de los niveles salariales y de la participación de los salarios en las rentas nacionales. Por lo tanto, también aumentará la marginación social, la pobreza y, de forma más drástica, la indigencia en el Tercer Mundo y en América Latina".

Los resultados, tan previsibles, no se hicieron esperar en Venezuela. El vertiginoso empobrecimiento de las clases trabajadoras estalló entre el 27 y el 28 de febrero de 1989 en Guarenas, a 15 kilómetros de Caracas, con violentas protestas, saqueos y movilizaciones que pronto llegaron hasta la capital. El ejército salió a reprimir y cerca de 500 muertos quedaron en la calle, como corolario de lo que se conoció como "el Caracazo".

De aquel hombre de Táchira que había hecho crecer a Venezuela como nadie, no quedaba rastro. Sus convicciones políticas de otrora tampoco sobrevivían. Y como ocurrió con otros mandatarios latinoamericanos, el enriquecimiento personal con los dineros públicos amortiguó toda posible angustia por los ideales rematados.

A mediados de 1992, luego de un par de asonadas militares frustradas, se supo de la desaparición de 250 millones de bolívares, o sea, 17.2 millones de dólares, correspondientes a la partida reservada que manejaba el presidente en persona. En marzo del año siguiente, el fiscal general de Venezuela acusó formalmente a Pérez por malversación de fondos. El 20 de mayo, la Corte Suprema de Justicia consideró que, efectivamente, había méritos suficientes para llevar a juicio al primer mandatario.

Frente al dictamen del alto tribunal, el Congreso Nacional votó su destitución y Pérez fue recluido en el retén judicial de El Junquillo.

Amor y negocios

Paralelamente, Cecilia Matos, secretaria de Pérez, que se transformó en su amante y comenzó a influir decisivamente en sus decisiones políticas, fue acusada de una serie de negocios ilegales, supuestamente como testaferro del presidente. José Sant Roz describe la vida de Cecilia en uno de los *countries* más caros de Caracas:

"La misma elite que llenó de ricos presentes y elogios a la Cecilia Matos Melero, la barragana de Pérez, que no quería títulos universitarios, sino dinero y poder. Cecilia Matos se había hecho miembro del Club La Lagunita en 1978, cuando la acción valía 200,000 bolívares, y en su declaración al impuesto sobre las rentas se había registrado que su ingreso anual era de 25,000 bolívares..."

Y la descripción sigue con ribetes casi de realismo mágico, de Latinoamérica para risible (y trágica) exportación:

"La gente del *country* se cansó de ver cómo utilizaban docenas de vehículos del Estado, docenas de policías y militares para proteger a Cecilia: aviones de la fuerza aérea, lanchas, carros blindados".

Sant Roz puntualiza que Cecilia Matos había adquirido la mansión Giraluna, con 44 hectáreas boscosas en El Hatillo, con el apoyo económico de un empresario venezolano, Gumersindo Rodríguez, y de otro colombiano, George Valey Norzagaray, primo de Pérez; y que Enrique Delfino, otro poderosísimo empresario de Caracas, era quien figuraba como dueño, tanto de la mansión de La Lagunita, como de la hacienda Giraluna.

En agosto de 1992, cuando ya las acusaciones contra Pérez empezaban a ser evaluadas por la fiscalía general, Gustavo Orlando López, miembro del comité político nacional de Acción Democrática, o sea, el partido del presidente, le dijo al diario *El País*, de España, acerca de Cecilia Matos:

"Vive en un lujoso piso en Nueva York y mantiene a sus hijas en colegios caros de los Estados Unidos. Posee una casa en la urbanización El Marqués, en Caracas, y un dúplex en la Isla Margarita [...] También la acusé de estar presuntamente vinculada al proveedor de armas Pedro Lovera y a la empresa Margold, cuyos accionistas, Gardenia Martínez y Orlando García, ex jefe de seguridad del presidente Pérez, han negociado con las Fuerzas Armadas Nacionales un contrato de cinco millones de dólares para suministrar municiones españolas que nunca llegaron a Venezuela".

Por fin, el 30 de mayo de 1996, la Corte Suprema dio por probado el delito de malversación genérica agravada y condenó a Carlos Andrés Pérez a dos años y cuatro meses de reclusión domiciliaria. Resultaba evidente que el verdadero canal por el que Pérez se enriquecía era Cecilia Matos.

Hoy, el dos veces presidente de Venezuela vive junto a Cecilia Matos en un lujoso departamento de 200 metros cuadrados en Miami, con ventanales que dan al mar. No puede regresar a su país, porque tiene dos causas penales pendientes (Venezuela pidió la extradición y los Estados Unidos la negó) que podrían hacerlo regresar a prisión.

Sin embargo, desde el exclusivo barrio privado en el que habita, Carlos Andrés Pérez hostiga a Hugo Chávez y pide "libertad" para su país. No pudo regresar a la política, como sí lo hizo Fernando Collor de Mello, pero sigue opinando y participando desde lejos, desde la misma distancia que hoy separa al mundo de la primera década del siglo XXI de aquel que rebosaba individualismo extremo y darwinismo social en la última década del siglo que se fue.

Carlos Andrés Pérez y Collor de Mello siguen habitando un tiempo que ya no existe.

Un futuro en bandeja

Sin ninguna duda, el personaje más polémico, excéntrico y hasta pintoresco que el neoliberalismo latinoamericano llevó hasta la presidencia de un país fue el ecuatoriano Abdalá Bucaram Ortiz, "el Loco", como él mismo prefería que lo llamaran.

De origen libanés, nacido en Guayaquil, la ciudad más grande y poblada de la República del Ecuador, e integrante de una familia de enorme influencia en la política del pequeño país andino desde los años 40, Abdalá Bucaram no tenía entre sus planes de juventud incorporarse al mundo de su tío Assad Bucaram Elmhalin, cofundador del partido Concentración de Fuerzas Populares (CFP), o de su cuñado Jaime Roldós, presidente de la República, o de su primo Averroes Bucaram, presidente del Congreso Nacional. Lo suyo era jugar al básquet o al fútbol, cantar y bailar. Ya en

1972, luciendo su clásico bigotito modelo "Adolf Hitler", había integrado el equipo olímpico en su país.

Abogado de profesión (aunque jamás ejerció) y médico frustrado, fue expulsado de la universidad por magullarle la cara a puñetazos a un profesor. Bucaram pretendía "vivir bien" y "hacer dinero". Desde luego, el peso político familiar era una buena puerta de entrada para cumplir con ambos deseos.

En 1979, su cuñado Jaime Roldós fue elegido presidente de Ecuador y, de su mano, el Loco se convirtió en el intendente de la Policía de Guayas. Tenía entonces 28 años y un raro espíritu moralizador en el que convivían el manejo discrecional de los fondos públicos, coimas y negociados, con enormes redadas a homosexuales, prostitutas, muchachas con minifalda y jóvenes pelilargos.

Entre "Los 16 mandamientos de Abdalá", una suerte de bando que mandó publicar apenas asumió el cargo, se contaba el escarnio público para quienes no encajaran en su modelo moral. Ponía en fila a los detenidos y los hacía caminar las veinticinco cuadras que separaban el Palacio Municipal del Cuartel Modelo, mientras los transeúntes se burlaban divertidos de aquel espectáculo circense.

En 1982, Bucaram fundó el Partido Roldosista Ecuatoriano (PRE), del que se convirtió en presidente y líder indiscutido, aun desde los distintos exilios que protagonizó. El partido, que le serviría de plataforma de lanzamiento para alzarse con la alcaldía de Guayaquil, era una rara mezcla de populismo de izquierda, corporativismo y neoliberalismo. Su tío Assad Bucaram, ya fallecido, había tenido una fuerte identificación con las clases populares; y su cuñado, el presidente, muerto un año antes, junto a su esposa y hermana de Bucaram, en un accidente aeronáutico, había conquistado el cariño de los más pobres con medidas decididamente progresistas. Abdalá Bucaram no estaba dispuesto a desperdiciar tamaño capital político.

Al comenzar 1984, el Loco se transformó en el alcalde de su provincia, Guayaquil. Diez meses más tarde fue cuatro días a prisión por calumniar al presidente, León Febres-Cordero, y cuando volvió a ser imputado por un delito similar, esta vez contra las fuerzas armadas, partió hacia Panamá, para vivir su primer exilio. Pero tampoco en el país de Manuel Noriega las tuvo todas consigo. Fue detenido cuando la policía de la dictadura panameña encontró varios kilos de cocaína en su casa.

Al fin, en septiembre de 1986, logró finalmente regresar a Ecuador, amnistiado por el Parlamento, y comenzó una larga carrera para tratar de acceder a la presidencia de su país.

Por los pobres y cantando

De fracaso en fracaso, Abdalá Bucaram llegó hasta las elecciones presidenciales de 1996 que, por fin, lo llevarían a la primera magistratura de la República del Ecuador. A caballo de una campaña rica en ataques al poder económico y a la oligarquía terrateniente, y bajo la consigna "La fuerza de los pobres", Bucaram ganó en segunda vuelta, luego de haber entrado en segundo lugar en la primera. Enarbolaba promesas de transformaciones políticas de tal magnitud, que harían del Ecuador una próspera república con sesgo filosocialista.

No era fácil de comprender, sin embargo, cómo encajaba todo aquello con los intereses de sus amigos empresarios, con la defensa a rajatabla del libre mercado, con su alineación sin fisuras con los organismos internacionales de crédito y con sus consultas a Domingo Cavallo, el poderoso ministro de Economía argentino que había implantado la "convertibilidad" (un peso igual a un dólar), para que lo ayudara a dolarizar definitivamente al Ecuador.

El hombre de Guayaquil había llegado hasta allí con los apoyos del Filanbanco (el banco de la comunidad libanesa), de Álvaro Noboa, un fuerte empresario bananero, de Roberto Isaías, el dueño de una poderosa cadena multimediática, y del grupo petrolero Peñafiel, entre otros.

Bucaram creía en la fórmula que ya había utilizado, precisamente en la Argentina, Carlos Menem, de quien nos ocuparemos más adelante.

También mediante un eslogan que trataba de generar confianza ("¡Síganme, no los voy a defraudar!"), Menem había triunfado en elecciones democráticas con promesas de distribución equitativa del ingreso público, para aplicar luego una cerrada política neoliberal y privatizadora. El Partido Justicialista (representante del peronismo) de la Argentina, como el PRE de Ecuador, proclamaba y declamaba su identificación con las necesidades de la clase trabajadora.

Con muchísima menos cintura política y estructura partidaria que el argentino, Abdalá Bucaram se sentó en el sillón presidencial el 10 de agosto de 1996. Llevaba consigo dos deseos profundos, uno de los cuales materializaría: grabar un disco de canciones románticas y ofrecerle un millón de dólares a Diego Maradona para que jugase una noche con la casaca del Barcelona de Guayaquil, el club de fútbol de sus amores.

Un informe del Centro de Investigaciones de Relaciones Internacionales y Desarrollo da cuenta de cómo el presidente cumplió su primer deseo, y lo expuso en la Cumbre Iberoamericana que se desarrolló en Santiago de Chile en noviembre de 1996:

"Allí dejó estupefactos a varios presidentes cuando les abordó para regalarles un ejemplar de un disco compacto con trece canciones pop y rock interpretadas por él, de título *Un loco que ama*. El presidente, que reconocía 'no ser un buen cantante', aunque ponía 'pasión' en ello y de hecho esperaba vender tanto como el cantante mexicano de boleros Luis Miguel [...] había grabado el disco con el conjunto uruguayo Los Iracundos, sus teloneros musicales durante los actos de la campaña electoral".

A Diego Maradona, en cambio, nunca logró contratarlo.

Políticamente, Bucaram no tenía nada de divertido. Comenzó sentando al frente del Comité Económico del gobierno a los tres empresarios más ricos del Ecuador, amigos suyos por añadidura, anunció la privatización inmediata de Emetel, la compañía de teléfonos y, en el extremo del clímax privatizador, del Instituto Ecuatoriano de Seguridad Social.

Hostigó y logró desmantelar tanto a los sindicatos rebeldes cuanto a las organizaciones sociales con anclaje popular. Eliminó todos los subsidios a los servicios públicos, congeló salarios e inició una rápida reducción de la estructura estatal, dejando a miles de trabajadores en la calle. Nada muy distinto de lo que ya había hecho Menem, su faro ideológico.

44

Pronto, también, al mejor estilo de los caciques feudales, buena parte de la familia del presidente colonizó los distintos estamentos del Estado. El nepotismo se ejerció sin prurito alguno y casi haciendo gala de él. Adolfo Bucaram, hermano del primer mandatario, asumió como ministro de Bienestar Social, un puesto clave para apropiarse de una gran partida presupuestaria; Elsa Bucaram, también hermana del presidente, fue nombrada su asesora personal; José Salem, su primo, llegó como presidente del Banco del Estado, otro cargo decisivo en materia de manejo de fondos públicos; Averroes Bucaram, otro primo, estuvo al frente de la subsecretaría de Gobierno. Por fin, y para ser equitativo, Santiago y Jacobo Juan, los otros dos hermanos, accedieron a sendas bancas parlamentarias.

Otro paso raudo

Abdalá Bucaram Ortiz, tal cual señala Simón Espinosa Cordero, gobernó Ecuador 186 días y 31 minutos. El 5 de febrero de 1997 comenzó una oleada de movilizaciones populares que inundó al país. El desempleo, el encarecimiento del costo de vida, que sólo con el aumento en los servicios públicos trepó hasta casi 400% y el generalizado nivel de corrupción que devoraba al Estado determinaron la caída del presidente.

"El 29 de enero de 1997 −recuerda Espinosa Cordero−, el embajador de los Estados Unidos leyó un discurso escrito denunciando la corrupción del régimen y alertando a los inversionistas de su país a no poner el dinero en Ecuador. Todos entendieron que Washington daba el visto bueno para que el presidente fuera cesado en su cargo… Abdalá fugó nuevamente a Panamá, pero esta vez se llevaba supuestamente un botín cuantioso a vista y paciencia de la policía y de las fuerzas armadas".

Enamorado de la convertibilidad monetaria argentina, que había frenado de un solo golpe la inflación y le había permitido a Menem ser reelecto, Bucaram arrancó su gobierno con la intención de poner en práctica ese recurso, en este caso fijando una paridad de cuatro nuevos sucres por cada dólar. No quiso ver que ya en la Argentina el régimen de convertibilidad había mostrado sus peores costados: caída de las exportaciones por falta de competitividad y fuerte endeudamiento externo para sostener artificialmente la moneda en relación con el dólar.

El escaso período de mandato le impidió al ecuatoriano materializar su proyecto, pero todo su esquema financiero se basaba en la privatización de todas las empresas públicas, eliminación del déficit fiscal, libre circulación del dólar, etc. ¿Suena conocido?

Como el modelo marchaba en un sentido exactamente inverso al que Bucaram había prometido en su campaña presidencial, muy pronto perdió apoyos sustanciales, entre ellos, los de las propias organizaciones políticas que lo acompañaban.

El presidente fue acusado de la desaparición de 148 millones de sucres de la cuenta de Inversiones y Aportaciones del Estado del Banco Central de Ecuador; de cerca de 3 millones y medio de dólares de la cuenta de gastos reservados de la presidencia; y el 6 de febrero del 1997, cuando ya estaba en retirada, fueron presentados y cobrados en el Banco Central cuatro cheques por valor de 11,000 millones de sucres (casi 3 millones de dólares). ¿Cuál fue el destino final de esta última operación? El periódico *Ecuador Inmediato* dice:

"Miguel Lara sacó el dinero del Banco Central en un jeep Cherokee (carro particular de Óscar Célleri), en varios costales, y los llevó hacia la presidencia de la República. Los 11,000 millones de sucres fueron entregados a Óscar Célleri... La declaración de Lara ante el juez coincide con otras versiones (una de ellas, bajo confesión judicial de Alejandro Muñoz Pérez, el 'Pepudo Alejo'), para confirmar que los 11,000 millones de sucres estaban en costales en una oficina de la Presidencia".

Miguel Lara Espinoza era el policía destinado a encargarse del traslado del dinero, y Óscar Célleri, el secretario privado de la Presidencia de la República. Alejandro Muñoz Pérez, el "Pepudo

Alejo", entretanto, había sido el guardaespaldas personal de Abdalá Bucaram y su hombre de confianza; sin embargo, denunció que en la Aduana de Guayaquil funcionarios ligados a Bucaram autorizaban la salida ilegal de mercadería, llegando a cobrar por dicha operación entre 8 y 10 millones de sucres.

La Comisión Anticorrupción, formada tras la caída de Bucaram, juntamente con la Comisión de Fiscalización, demostraron en cambio que el daño para el erario fue de 217,000 millones de sucres, de los cuales aproximadamente 71,000 millones fueron a los bolsillos de los funcionarios aduaneros y de la presidencia, y el resto a los empresarios importadores.

En 1997, el "Pepudo Alejo" fue acusado de secuestrar a Víctor Miranda, el músico que compuso el *leit motiv* de la campaña de Bucaram, y de extorsionar a Carlos Hidalgo y Xavier Aguirre, integrantes de la administración de la Aduana.

Por fin, en agosto de 2002, el cadáver del "Pepudo" apareció amordazado y baleado en un barranco, en Santa Ana.

Ni con Abdalá Bucaram ni con ningún otro presidente latinoamericano vinculado a prácticas económico-delictivas, los nichos de corrupción fueron casuales. En Bucaram, esas maniobras se vinculaban con todo lo que favoreciera al capital importador, que era la rama empresarial que acompañaba al proyecto presidencial, enfrentado a la oligarquía y al capital tradicional.

La apertura ilegal de la Aduana, el aumento de 300% del impuesto a los consumos especiales de la cerveza, por ejemplo, cuando su amigo, el empresario Eduardo Azar, ya había adquirido un *stock* que cubría 80% de la demanda de esta bebida en el Ecuador, o el manejo de la política tributaria son ejemplos del todo elocuentes respecto de la corrupción "dirigida".

Desde luego, el proceso privatizador funcionaba en este esquema como nave insignia.

En junio de 1997, cuatro meses después de la destitución de Bucaram, la Comisión Anticorrupción determinó que la empresa proveedora de energía Ecuapower había sido beneficiada con un contrato en el que el precio del kilovatio/hora había sido fijado en 50% por encima de su valor. Y que la empresa Furness Withy Shipping, proveedora de gas licuado de petróleo, se hallaba en una situación similar.

La misma Comisión Anticorrupción determinó que durante el período en el que Abdalá Bucaram fue presidente de la República del Ecuador, las empresas de servicios públicos registraron en sus balances sobrecostos de los contratos de entre 10% y 30% en calidad de sobornos.

Para finalizar el caso Bucaram, acaso valga la pena consignar que el suyo no fue, ni de lejos, el único gobierno ecuatoriano en el que la corrupción se enseñoreó en el poder. Quizás simplemente fue el más llamativo, por las características personales del hombre de Guayaquil.

Capítulo 3
MODELO CON RITMO DE TANGO

"En mi país nunca hubo corrupción gubernamental. Sí, acaso algunos funcionarios fueron corruptos, pero eso puede suceder en cualquier parte."

Carlos Saúl Menem

La corrupción, como forma de apropiarse de los bienes *del* Estado, o como puerta de acceso a negocios *con* el Estado, vedados por una vía legítima, es un mal que ha acompañado al hombre en distintos períodos de la Historia.

Sin embargo, y por alguna razón, la implantación del neoliberalismo como modelo de ordenamiento social, político y, especialmente, económico, parece haber profundizado un fenómeno que si bien existió en los Estados modernos de todos los tiempos, no había alcanzado los niveles de masividad y profundidad a los que llegó a partir de los finales de los años 80.

Es verdad que los países que transitaron del comunismo hacia una economía de mercado y las naciones en proceso de desarrollo que abrazaron el modelo privatista extremo fueron los que más sobresalieron en lo que a corrupción se refiere, pero también el mundo desarrollado desanduvo dicho sendero. Italia, Alemania y Japón son sólo algunos ejemplos. Samuel Huntington definió así ese mal:

"La corrupción es una desviación de la conducta de los funcionarios públicos, que se aparta de las normas establecidas para ponerse al servicio de los intereses privados".

Empero, la definición poco dice respecto de las causas que promueven dicha "desviación de la conducta".

Otros autores, citados por Ignacio Labaqui, les asignan mayores posibilidades de corrupción a las sociedades que enfatizan el éxito económico como meta sustancial en la vida del

51

hombre, pero que luego le restringen a la mayoría las posibilidades de alcanzarlo. ¿No es éste el retrato exacto de América Latina?

Otra cuestión con la que se insiste permanentemente a la hora de determinar las causas de la corrupción es la característica del régimen imperante: los autoritarismos favorecen la venalidad; las democracias la limitan.

Que la corrupción es inherente a las dictaduras no cabe ninguna duda; para empezar, porque lo primero que se le roba a la sociedad es el derecho a decidir su destino. Sin embargo, tampoco las democracias, por el solo hecho de serlo, han probado ser más competentes para combatir el mal. Se afirma que cuanta menos injerencia tiene el Estado en el terreno económico, menos margen para la corrupción existe. El postulado –con demasiado tufillo ideológico– lejos está de acertar en el blanco; en especial, porque si la corrupción daña a la sociedad privatizando recursos públicos, el monopolio y la cartelización de las empresas, por ejemplo, producen el mismo efecto sin que medien sobornos. Sobreprecios, tasas de intereses usurarias o inversiones inexistentes se apropian de la renta social en forma ilegítima, aunque pueda ser legal.

Es obvio que los altísimos niveles de corrupción que se desataron en países que marchaban hacia la privatización de las empresas públicas estuvieron directamente vinculados con las descomunales tasas de ganancia que dichas privatizaciones prometían a sus adjudicatarios. Ignacio Labaqui, en un sólido estudio comparado de las causas de la corrupción, concluye, refiriéndose a los países latinoamericanos y ex comunistas que marcharon hacia una abierta economía de mercado (privatizaciones y reducción del rol del Estado a su mínima expresión):

"En primer lugar, ya se ha argumentado que la democratización no es una fórmula mágica a la hora de combatir la corrupción [...] Por otro lado, y en lo que hace a las reformas estructurales en dirección al mercado, cabe señalar que la literatura sobre las mismas indica que ellas suponen un alto grado de concentración de poder en el Estado [...] Simultáneamente, es posible afirmar que no necesariamente el libre mercado constituye una cura mágica para la corrupción. Una rápida liberalización de la economía no acompañada por una reforma paralela del Estado genera oportunidades de corrupción, en la medida que los funcionarios pueden verse tentados a participar en la nueva riqueza del sector privado".

El trabajo de Labaqui, como otros que se han hecho en las últimas décadas, basados fundamentalmente en indicadores como "Percepción de la corrupción", "Índice de desarrollo humano", "Índice de libertad económica" o "Índice de libertades políticas y civiles", entre otros, procura alcanzar, matemáticamente, conclusiones que, en términos generales, siempre deben relativizarse. No hablemos ya de aquellos que intentan explicar la corrupción por la vía cultural, o sea: existen países que *son y serán* corruptos por su propia cultura. Todos, de una manera u otra, evaden en el análisis un factor determinante y fundamental: la mecánica de la economía de mercado, sin un Estado participativo y regulador, es sencillamente depredación.

La culpa unilateral

La mayoría de estos estudios fueron hechos antes de la crisis internacional desatada a mediados del 2007 en los Estados Unidos, precisamente el país que menores niveles de corrupción registra, según las fórmulas antedichas.

Ocurre que cuando se habla de corrupción sólo en los términos de Huntington ("desviación de la conducta de los funcionarios públicos"), se dejan fuera de la ecuación demasiados elementos, por lo que el resultado siempre será ilusorio. Los CEO de los bancos estadounidenses que prestaron dinero en hipotecas que difícilmente iban a poder ser saldadas para generar una renta superlativa que iría directamente a sus bolsillos, no sólo fueron tanto o más corruptos que ciertos gobiernos latinoamericanos, sino que produjeron un daño infinitamente mayor, y no únicamente a la sociedad norteamericana. Los cientos de miles de millones de dólares de los que se apropiaron multiplican en varias veces la apropiación de dineros públicos de funcionarios de América Latina. Dice Andrés Oppenheimer:

"Hasta el momento, el debate sobre la corrupción en Latinoamérica se ha centrado casi exclusivamente en los funcionarios públicos que han acumulado fortunas fabulosas a costa de sus países. La corrupción es vista como un problema de las naciones en desarrollo, como las devaluaciones y el agua sucia. Pero pocos han hablado de la otra cara de la moneda: el papel de las corporaciones multinacionales y los gobiernos de los países industrializados en los escándalos de corrupción que han sacudido a la región".

Paraísos fiscales, evasión tributaria, "lavadoras" de dinero, son algunas columnas que si bien han sido y son aprovechadas por funcionarios públicos corruptos, no fueron edificadas por ellos.

Por fin, un elemento que suena absolutamente normal, y fuera de toda sospecha en los países altamente industrializados (y por tanto, según los estudios convencionales, casi libres de corrupción), es el financiamiento privado a las campañas políticas de los partidos.

Cuesta imaginar, por ejemplo, que los millonarios aportes hechos por las empresas a los partidos Republicano y Demócrata en los Estados Unidos no tengan contraprestación alguna. Si la función principal de una empresa comercial es el lucro, ¿qué razón tendrían semejantes desembolsos a cambio de nada?

Corrupción y ley de mercado extremo pueden no ser inseparables, consustanciales, pero sería de una ingenuidad imperdonable no señalar la enorme cantidad de vínculos que los unen.

Un caudillo en la ciudad

Mucho más que Malasia, la Argentina se ganó un lugar destacado en los manuales de economía a partir de la crisis del año 2001, que la empujó a la cesación de pagos de la deuda externa, a un desempleo que rondó 25% y a un nivel de pobreza que hundió a 60% de su población en un estado de precariedad que jamás había conocido una nación otrora ejemplar.

En el concierto latinoamericano, la Argentina fue, desde comienzos del siglo XX, y aún antes, uno de los países que exhibía las más altas tasas de alfabetización y los más bajos registros de pobreza. Y si bien es cierto que luego de su auge dichos valores se fueron deteriorando a lo largo del siglo, resultaba inimaginable que el país hubiera entrado en semejante colapso en el primer año del siglo siguiente.

La recuperación posterior, que para la ortodoxia económica demandaría alrededor de un par de lustros, se produjo en apenas tres años, sin asistencia de los organismos de crédito internacionales y con un padecimiento social bastante menor al pronosticado. A partir del 2003, el país comenzó a crecer a tasas superiores a 8% del producto bruto, similares a las de China, por ejemplo, llegando a niveles de crecimiento desconocidos en toda su historia. ¿Qué había ocurrido para que se desencadenara tamaño vaivén, que aún hoy discuten los economistas?

En 1989, después del primer turno democrático, que lideró Raúl Alfonsín tras una prolongada y sangrienta dictadura militar (el llamado Proceso de Reorganización Nacional, de 1976 a 1983), asumió el poder Carlos Saúl Menem, gobernador de una pequeña provincia norteña, La Rioja, con escaso peso político en el concierto nacional.

Con abultadas patillas, que recordaban a los caudillos federales, defensores de los intereses productivos del interior del país (ganadero y agrario) contra los de la ciudad de Buenos Aires (exportadores, comerciales y portuarios), Menem llegaba como candidato del Partido Justicialista, nombre oficial del peronismo, una agrupación históricamente identificada con la clase trabajadora y con los sectores más desposeídos de la sociedad. Y llegaba como una esperanza en medio del desbande del partido tradicionalmente opositor, la Unión Cívica Radical.

Una hiperinflación arrasadora había marcado los últimos meses del gobierno de Alfonsín, quien debió emigrar del poder ciento ochenta días antes de que se cumpliera su mandato legal. En ese marco, Menem utilizó como consignas de campaña la "revolución productiva", el "salariazo" y el mucho más difuso, emocional y ya citado: "¡Síganme: no los voy a defraudar!".

El radical y profundamente democrático Raúl Alfonsín había debido cabalgar sobre las cada vez más imperiosas exigencias de los organismos de crédito (y de los Estados Unidos), de que pusiera en marcha el proceso de privatizaciones de las empresas del Estado, que en la Argentina eran varias y tradicionales. Sucesivos gobiernos, pero sobre todo los de Juan Domingo Perón en los años 40 y 50, habían creado empresas estatales monumentales y sólidas, pero que con el tiempo fueron sufriendo los embates de malas administraciones.

El modelo reclamado por entonces a Alfonsín tenía poca aceptación en la sociedad argentina, pese a los ingentes esfuerzos publicitarios de los economistas neoliberales, que contaban incluso con periodistas que hacían de la privatización una profesión de fe. Los argentinos se habían acostumbrado a valorar sus empresas públicas, a pesar de reconocer que estaban a menudo mal administradas.

Los votantes creyeron que Carlos Menem (el peronismo se había distinguido siempre por estatizar) evitaría el acoso y la celada tendida por aquellos ávidos grupos inversores. Y no pocos, pese a las campanas interesadas que repicaban por doquier, intuían cómo sería el día después de las privatizaciones. Por eso, Raúl Alfonsín no había podido llevar a cabo ninguna.

Había, sin embargo, otra cuestión que agriaba el humor de los argentinos, y que demandaba su atención mucho más que las posibles privatizaciones: la inflación, que había alcanzado niveles dramáticos en los últimos meses alfonsinistas. Los precios en los supermercados llegaron a remarcarse más de una vez al día, y el gobierno radical asistió atónito al asalto de muchos de ellos por poblaciones hartas de privaciones y precios continuamente en alza, que pulverizaban todo previsible poder adquisitivo.

Pero más allá de todas las promesas electorales, populistas, distributivas, celosas del patrimonio nacional, el astuto Carlos Menem llegó a la Casa Rosada, sede del gobierno en la histórica y central Plaza de Mayo, con dos preceptos absolutamente claros: debía domar la inflación si pretendía gobernar por mucho tiempo y tendría que llevar adelante una política económica apetecible al paladar de la derecha, si de ahuyentar fantasmas golpistas se trataba.

Y él, ya lo había decidido, llegaba para quedarse.

Cambio de piel

Menem ocupó durante un decenio tanto las cubiertas de las revistas del corazón y de los rumores del espectáculo como la primera plana de los diarios que anunciaban su impensado milagro. Sus patillas volaron, y con ellas su supuesto apego a los tradicionales intereses de su partido: los de la clase trabajadora y el patrimonio nacional. Llegaron sucesivas intervenciones quirúrgicas que fueron modificando su rostro. A los ponchos de vicuña en el hombro les sucedieron las camisas de marcas internacionales y los trajes de seda; al folklórico mate, el *champagne* descorchado a la vista de todos. Y esto no es mencionado como dato baladí, sino como símbolo de lo que pasamos a detallar.

Pronto, la política del nuevo presidente comenzó a quedar en evidencia para los asombrados militantes del histórico partido de Perón. En vez de la inmediata apuesta a la producción y a la suba del salario, vinieron un par de ministros de Economía salidos directamente de la multinacional Bunge y Born; el asesoramiento directo de uno de los más emblemáticos representantes de la derecha golpista, Álvaro Alsogaray; la Ley de Reforma del Estado, que en los hechos significaba una carta blanca para la privatización de las empresas de ese sector; y finalmente, la Ley de Convertibilidad de la moneda (cada peso equivalía a un dólar) de la mano de Domingo Cavallo, su cuarto ministro de Economía.

Además, el nuevo gobierno suprimía, de hecho y por tiempo indefinido, las paritarias, reuniones periódicas en las que trabajadores y empresarios discutían recomposiciones salariales y condiciones laborales.

La Ley de Convertibilidad, sancionada menos de dos años después de haber asumido el gobierno, le permitió a Menem materializar el primero de sus dos objetivos fundamentales: cortar de cuajo con la inflación en la Argentina; más aún, fue el motor que le posibilitó gobernar durante diez años seguidos el país, convirtiéndose en el primer presidente de la historia argentina que ejercía la primera magistratura durante una década completa. El logro no había sido menor, porque, para una sociedad acostumbrada a convivir con el flagelo inflacionario, aquello resultó una suerte de oasis inimaginable.

Los costos que la Argentina habría de pagar por atar su moneda al dólar y por renunciar a una de las principales herramientas de política económica (el manejo del tipo de cambio) recién se verían hacia 1998 y estallarían con toda la furia en 2001.

Sin embargo, si no se dimensiona lo que aquel remanso de estabilidad (que duró diez años) significó para una sociedad estragada por el aumento constante de los precios y que, además, venía de dos hiperinflaciones, no será posible comprender el porqué de la tolerancia a una torva política neoliberal, que remató a precio vil casi todo el patrimonio nacional y engendró una corrupción pocas veces vista.

La Ley de Convertibilidad, además, abría el camino al proceso privatizador en tanto exigía la puesta en marcha de un drástico equilibrio fiscal que sólo se conseguiría, de acuerdo con el discurso oficial, deshaciéndose de las deficitarias empresas estatales y, por añadidura, de los trabajadores empleados en ellas.

La segunda pata en la que se apoyaba esa ley era el permanente flujo de crédito externo. Esto no supuso para el gobierno un impedimento en la medida en que, para los organismos internacionales y para los Estados Unidos, en particular, la administración menemista recitaba y aplicaba mejor que nadie en el subcontinente las recetas del Consenso de Washington.

Por otro lado, eran tiempos en que una enorme masa de capital financiero buscaba nichos altamente rentables que no ofrecían ni Europa ni los Estados Unidos.

Las privatizaciones, por una parte, y el interés bancario en dólares que se pagaba en la Argentina de Menem, completaban la masa de capitales que requería la convertibilidad para sostenerse. A ello se sumaba un alineamiento ideológico tal con el Gran Hermano del Norte, que Menem llegó a declarar que existían "relaciones carnales" con los Estados Unidos. Cabe recordar que la historia del movimiento peronista está llena de rechazos a las injerencias estadounidenses, desplantes (hasta con risibles anécdotas) a los diplomáticos que pretendían presionar a los gobiernos de Perón e, incluso, una participación abierta de la embajada de aquel país en la formación de fuerzas opositoras a dichos gobiernos. Ahora, Menem era "amigo personal" de Bush padre, compartía con él los *links* de golf y era el alumno ejemplar de una escuela impuesta a toda América Latina.

El negocio telefónico

El 12 de setiembre de 1989, menos de tres meses después de haber asumido, Carlos Saúl Menem firmó el decreto que ordenaba y reglamentaba la liquidación de ENTEL, la Empresa Nacional de Telecomunicaciones. Era el primer paso del proceso privatizador y no podía ser más simbólico: la encargada de llevar adelante el trabajo de venta era nada más y nada menos que María Julia Alsogaray, hija de Álvaro y, como el padre, una de las emblemáticas representantes de la más rancia derecha argentina. Además, enemiga histórica del peronismo, el partido que había llevado a Menem al poder.

Ese día comenzaba un proceso que de varias maneras serviría como manual de procedimientos para muchos otros países de América Latina. La Argentina sería, en suma, el faro de un modelo de saqueo apoyado fundamentalmente en la deuda externa.

Al concluir el amañado proceso de licitación (en el que no profundizaremos aquí), dos empresas se quedaron con la red telefónica nacional. La francesa Telecom, en el norte, y la española Telefónica, en el sur. Desde luego, el objetivo de ambos colosos era hacerse con el multimillonario negocio sin desembolsar prácticamente capital; y lo consiguieron.

Los contratos de adjudicación establecían que ambos consorcios debían abonar una suma en efectivo, y el resto, con bonos de la deuda externa que el Estado tomaría al valor nominal y que se pagarían en dos cuotas. Así, según la inusitada mezcla entre dólares frescos y bonos devaluados, Telecom debería pagar 100 millones en efectivo y 5,150 millones en bonos. Telefónica, por su parte, 114 millones de dólares en billetes y 5,150 millones en bonos de deuda.

Además, Telecom debía asumir un pasivo que dejaba la vieja ENTEL de 178 millones de dólares, y Telefónica, otro de 202 millones. El Estado nacional, por su parte, asumía el resto de la deuda de la empresa estatal, calculada en 1,760 millones. Vale decir que el conjunto de los contribuyentes argentinos cargarían con una deuda colosal enajenando su empresa. Como ya expresáramos en un libro anterior:

"En 1990, los bonos de la deuda externa cotizaban a 14% de su valor. Por lo tanto, mientras el Estado argentino recibía bonos por un valor nominal de 2,778 millones de dólares, en realidad Telefónica de Argentina había desembolsado algo menos de 390 millones para adquirirlos. Otro tanto ocurrió en el caso de Telecom: los 2,372 millones de bonos le costaron 332 millones [...] En cuanto al desembolso en efectivo y la absorción de los pasivos, a las licenciatarias les llevaría apenas dos períodos de facturación recuperarlos" (Cecchini-Zicolillo).

Por añadidura, el Estado nacional no solamente les autorizó a los nuevos dueños un aumento tarifario de 400%, sino que les "garantizó" una rentabilidad anual de entre 14% y 17%. Si las empresas demostraban que no habían obtenido la ganancia estipulada, el Estado abonaba la diferencia. Nada más alejado de los principios del capitalismo, el riesgo de la libre empresa y otros meneados conceptos de la ortodoxia liberal.

No hizo falta, sin embargo, que el Estado subvencionara a la nueva telefonía privada. En el primer año, ambas empresas obtuvieron una rentabilidad cercana a 43%, un porcentaje impensado en cualquier país desarrollado del planeta. "Generosamente", ambas adjudicatarias renunciaron a la garantía estatal, en lugar de bajar las tarifas, como hubiera debido ocurrir, y como el Estado debió haber obligado a hacer.

Remate de alto vuelo

Los procesos de privatizaciones del resto de las enormes empresas estatales (Aerolíneas Argentinas, Yacimientos Petrolíferos Fiscales, Gas del Estado, Segba −empresa eléctrica− y Obras Sanitarias de la Nación) no circularon por carriles diferentes. La aerolínea de bandera, por ejemplo, fue comprada por Iberia

NEOLIBERALISMO Y CORRUPCIÓN

a precio de remate, desguazada. Y tras varios años de conflicto y quiebras inminentes, sería recomprada por el Estado argentino en 2008, ya lejos don Carlos Saúl, agobiado por causas judiciales. Volvemos a citar nuestro trabajo compartido anterior:

"En 1990, momento de la privatización, Aerolíneas Argentinas tenía un capital de 591 millones de dólares en aeronaves [...] más otros 100 millones de dólares en motores, repuestos y otros recursos. Contaba, además, con el primer simulador de vuelo de América Latina, una escuela para aeronavegantes y *catering* propio. Era dueña de 98% de los vuelos de cabotaje y de 50% de los vuelos internacionales que se hacían desde la Argentina. Tenía, además, oficinas propias en Roma, Nueva York, Buenos Aires, Madrid, Miami, Lima, Caracas y una en cada escala. Contaba con 11 500 empleados y un superávit operativo de 27 millones de dólares anuales, lo que le daba una rentabilidad anual de 5.6% por encima de la media mundial.

"También 860 millones de dólares de deuda por la compra de cuatro Boeing 747.

"Sin embargo, para privatizarla, el parque de vuelo se tasó en 623 millones de dólares (150 menos que lo real), cifra en la que se consideraban sólo los bienes físicos y se dejaban de lado deliberadamente los intangibles (rutas, marca y prestigio).

"Para ejemplificar el costo de las rutas –que en los hechos es lo más valioso de una empresa aerocomercial–, cuando quebró Pan Am, su ruta Miami-Ezeiza se cotizó en 600 millones de dólares, con lo que, de acuerdo con las pautas financieras estadounidenses, las rutas de Aerolíneas valían 23,400 millones, a los que habría que sumarles otros 1,500, por las regionales.

"Las condiciones de compra, después de que el Estado se hiciera cargo de los 860 millones de deuda por los cuatro Boeing 747, fue la siguiente: 130 millones de dólares al contado, otros 130 en cuotas a diez años (la primera se pagaría cinco años después de realizada la operación) y 1,400 millones en títulos de deuda. Los títulos serían tomados a 20% de su valor nominal, pese a que en el mercado cotizaban ya a un módico 14 por ciento.

"Para adquirirla, Iberia tomó préstamos que luego convirtió en pasivos de Aerolíneas Argentinas" (Cecchini-Zicolillo).

Once años más tarde, cuando la SEPI (un órgano estatal español que debió hacerse cargo de la empresa) se desprendió de Aerolíneas, la empresa tenía apenas un avión propio, una sola oficina propia, había despedido a 5 000 trabajadores, tenía una deuda de 900 millones de dólares, había perdido 51% de los vuelos de cabotaje, 22% de los vuelos internacionales, y tanto el simulador de vuelo como la escuela para pilotos y la empresa de *catering* habían desaparecido.

Esas operaciones eran las que habían servido de modelo a otros gobiernos que aplaudían el ejemplar proceso de modernización argentino y su logro de estabilidad monetaria.

Pruebas que estallan

Sin embargo, tanto las privatizaciones en la Argentina como el gobierno de Carlos Menem tuvieron características bien diferenciadas respecto de lo que ocurrió en el resto de América Latina; no solamente porque dichas privatizaciones se llevaron a cabo por la totalidad del paquete accionario y constituyeron uno de los negocios más lucrativos que hicieron los inversores en la región (adueñarse de empresas monopólicas de altísima rentabilidad a precios de remate), sino porque Carlos Menem fue reelecto luego de su primer mandato, cumplió plenamente el segundo y casi logró modificar la Constitución Nacional para poder presentarse a un nuevo turno presidencial.

Si bien puede, a la vista de las cifras mencionadas, considerarse como un dato menor, se produjo también un proceso de creciente frivolidad en la sociedad toda, ejemplificada desde el gobierno y desde el mismo primer mandatario. El dispendio de los recursos públicos, los hábitos de nuevo rico y la desenfadada exhibición del derroche fueron tolerados por gran parte de la población con la complicidad de los créditos a dólar previsible y la mentira de una estabilidad cuyo esqueleto de papel sólo el tiempo desnudaría.

Sucede también que la verdadera dimensión de lo que había ocurrido en la Argentina y el severo estado de corrupción generalizado en el gobierno del riojano durante ese tiempo sólo se conocieron, en toda su magnitud, al finalizar el segundo mandato. Ni Carlos Menem, ni ninguno de sus ministros, jueces adeptos o parlamentarios que participaron de una manera u otra en la liquidación de las empresas estatales fueron condenados por actos de corrupción en este plano, pese a que pesaron sobre ellos múltiples denuncias.

Las causas por las que Menem aún hoy recorre los tribunales y que, incluso, le valieron un par de meses de prisión domiciliaria, no están, curiosamente, vinculadas con un plan que liquidó buena parte del patrimonio nacional del país.

Desde luego que el enriquecimiento ilícito, del que sí se lo acusa en una de las causas, podría tener directa relación con aquello; sin embargo, es el expediente judicial sustanciado por la venta ilegal de armas a Ecuador y Croacia el que ya lo envió a prisión, y que podría tener fallo condenatorio. Ése y no el de las ventas a precio vil es el motivo que más ha complicado –y complica– al ex presidente.

Curiosamente, la causa por la venta ilegal de armas está mucho más vinculada con un delito, si se quiere, de orden diplomático que con actos de corrupción, pese a que habría, además, coimas para favorecer la venta.

Sin entrar en pormenores, la Argentina era garante de la paz en la guerra entre Ecuador y Perú, y acabó vendiéndole armamento a uno de los contendores, en un caso. En el otro, existía una prohibición de Naciones Unidas de proveer material bélico a serbios y croatas en tiempos de conflicto.

En el ínterin, mientras la justicia argentina llevaba adelante la investigación respecto de la venta de armas, la Fábrica Militar de Río Tercero, en la provincia de Córdoba, que fue el lugar desde donde salió el material bélico que "supuestamente" iba a ser enviado a Venezuela, voló por los aires, en apariencia por un accidente. Los jueces, empero, creen que la explosión fue deliberada y Carlos Menem está acusado de ser el responsable intelectual del hecho, que se cobró varias vidas.

Terrenos y jubilaciones

Otra causa en la que el ex presidente argentino está imputado es en la venta de unos terrenos muy costosos, casi en el centro de la ciudad de Buenos Aires, a un precio irrisorio. El predio estaba tasado en 130 millones de dólares y la venta se realizó por, apenas, 30 millones. En la causa también está involucrado el ex ministro Domingo Cavallo.

Sin embargo, como ha quedado dicho, nada de lo que fue el "gran negocio" de las privatizaciones cayó bajo la lupa judicial, pese a las decenas de presentaciones en torno a ello.

En ocho años, desde 1991 hasta 1999, en que Menem dejó el gobierno, el conjunto de las empresas privatizadas habían aumentado su deuda externa desde los 984 millones de dólares a 17,555 millones. En ese período, la Argentina recibió en concepto de inversión de capitales extranjeros 15,410 millones de dólares, pero las nuevas empresas privatizadas remitieron al exterior 15,000 millones sólo en concepto de intereses de la deuda contraída.

Vale decir que los dólares que ingresaron al país, y que debieron ser aplicados a tecnificación, desarrollo y empleo, volvieron a irse sin dejar ningún beneficio y, por el contrario, dejando a la Argentina sin una buena parte de su patrimonio y cientos de miles de puestos de trabajo menos.

Al comenzar el proceso privatizador, el país tenía una desocupación de alrededor de 8%. En 1999, la cifra había trepado hasta e 17%, y en 2001, al estallar la crisis, 25% de los argentinos no tenía empleo. Por añadidura, 60% de la población había caído en la pobreza y 30% era indigente.

Entre 1990 y 1999, privatizaciones y convertibilidad mediante, la deuda externa argentina aumentó 124%, demostrando que el argumento de que las privatizaciones habrían de ser el camino hacia el desendeudamiento resultaba absolutamente falso.

La jugada final en el vertiginoso camino de transferencia de dineros públicos a manos privadas lo constituyó el traspaso de los fondos de jubilación y pensión a un puñado de bancos, en su mayoría extranjeros. Las AFJP (Administradoras de Fondos de Jubilación y Pensión) pasaron a manejar los aportes que los trabajadores argentinos hacían mes a mes para garantizar su futuro retiro; más de 15,000 millones de dólares. Con comisiones desproporcionadas, por el solo hecho de administrar los fondos (entre 30% y 33% de los aportes), las AFJP se alzaron, en catorce años, con más de 10,000 millones de dólares, mientras que los aportantes, en esos mismos catorce años que duró el sistema (fue disuelto por ley en 2008), habían perdido alrededor de 40,000 millones de dólares, producto de las "malas" inversiones hechas por los bancos dueños de las AFJP.

Desde luego, la Argentina no fue el único país en el que las administradoras de pensión se alzaron con un suculento botín en desmedro de los aportantes: Chile, Perú, Colombia y México, entre otros, padecieron el mismo fenómeno.

Caso ejemplar

La República Argentina fue, como ha quedado dicho, una suerte *leading case*, o caso testigo, del paso del neoliberalismo extremo por América Latina. En los años 90, Carlos Saúl Menem era recibido en los foros de los organismos de crédito internacionales como el más aplicado alumno de los manuales impuestos por el Consenso de Washington. Llegó incluso a exponer en la sede del Fondo Monetario Internacional frente a una gran audiencia.

Puntillosamente, y con una nutrida tropa de economistas ortodoxos y mediáticos detrás, el gobierno cumplió cada una de las pautas exigidas por el "Primer Mundo", a los efectos de poder transformarse en uno de sus socios.

El FMI, el Banco Mundial y el Club de París desembolsaron fondos a manos llenas para sostener un modelo cambiario que, en poco tiempo, demostró su inconsistencia, pero que favorecía a los inversores en la medida en que cada peso equivalía a un dólar. Las rentabilidades obtenidas desde los países centrales eran brutales, sostenidas en virtud del empobrecimiento de todo un país y, por extensión, de toda Latinoamérica.

En el año 2001, cuando la Argentina entró en una de las peores crisis económicas de su historia, los mismos que habían alentado y favorecido tamaña política miraron para otro lado o condenaron al país por no "honrar sus deudas". La corrupción, desde luego, fue funcional, porque desde la más pura lógica económica era imposible no prever los resultados que sobrevinieron.

Capítulo 4
SIGUEN LOS ÉXITOS

> "Vamos a modernizar el Estado mexicano en sus responsabilidades y en sus bases sociales, en sus instituciones políticas y en su quehacer económico, en su contacto y en su cercanía con el pueblo."
>
> Carlos Salinas de Gortari

Si bien es cierto que la economía no es una ciencia exacta, también lo es que guarda íntimas vinculaciones con las matemáticas; dos más dos será siempre cuatro, por más buen o mal "humor del mercado" que exista.

Del mismo modo, los vínculos comerciales entre los países mantienen una lógica que, si bien no es lineal, refleja el tipo de relación de intercambio que existe entre ellos y, desde allí, quiénes habrán de salir fortalecidos y quiénes serán los perdedores en dicha relación. Las eventuales simpatías, alianzas o vínculos fraternos nunca dejan de lado los intereses nacionales. Las balanzas comerciales nos dicen quién es quién a la hora de evaluar los términos de una relación.

Por razones históricas y acaso culturales que no nos detendremos a analizar aquí, los países en desarrollo, o del Tercer Mundo, quedaron reducidos durante siglos a la función de proveedores de materia prima, condición que en un primer momento los alejó de los avances de la ciencia y del progreso, para luego situarlos en una manifiesta desventaja respecto de los términos de intercambio globales.

El proceso es simple: materias primas vendidas a bajo precio por su casi nulo valor agregado y, por esta misma razón, incapaces de generar empleo; y en la otra punta de la ecuación, producción y venta de mercancías muy industrializadas, de alto precio y valor agregado, y, consecuentemente, generadoras de puestos de trabajo de calidad creciente. Un extremo, el de los países periféricos, viaja en carreta; el otro, el de los centrales, en avión. Así, la brecha entre ellas sólo puede agrandarse.

El valor de una idea

Ésta fue la relación de intercambio entre los países desarrollados y el Tercer Mundo hasta, al menos, mediados de la década de 1970, relación que condujo a un calificado grupo de pensadores a elaborar un manojo de teorías sobre el desarrollo y el subdesarrollo o, directamente, teorías de la dependencia.

Entre comienzos de los años 60 y finales de los 70 ocurrieron dos fenómenos que modificaron las formas, no el fondo, de esta dependencia del Tercer Mundo respecto de los países desarrollados: la revolución científico-tecnológica (o revolución posindustrial) y el protagonismo escénico del capital financiero. Ambos factores derivaron en la instauración del neoliberalismo, determinado, definido y aprobado a través del Consenso de Washington en 1989.

Desde entonces, los sectores más dinámicos del mundo subdesarrollado, como los de América Latina, comenzaron medianamente a industrializarse, mientras que los países centrales desarrollaban tecnología de punta, conocimiento y concentración financiera. Dice Theotônio Dos Santos:

"La expansión industrial de América Latina no trajo como consecuencia su pasaje hacia el campo de los países industrializados desarrollados. Al contrario, ha aumentado su distancia en relación con los países centrales colocados en la punta de la revolución posindustrial, mientras las industrias obsoletas y contaminantes se concentran en los países de desarrollo medio..."

Dos Santos agrega luego un concepto directamente vinculado con el panorama que se desató hacia los años 90 en la gran mayoría de los países latinoamericanos, y que ahora nos ocupa:

"Lo más grave, con todo, comenzó a ocurrir en la década de 1980, pues conforme anticipamos, la creciente adopción de la automatización disminuyó drásticamente el empleo industrial. Cada vez más alejados de los centros de producción científica, tecnológica y cultural, los países en vías de desarrollo se insertan en la trampa del crecimiento económico sin empleo, y sin ver, por otro lado, expandirse las oportunidades de ocupación en educación, salud, cultura, ocio, y otras actividades típicas de la revolución científico-técnica".

Fernando Henrique Cardoso (quien luego fue presidente de Brasil), uno de los más destacados integrantes de aquel grupo de intelectuales que trabajaron sobre las diversas teorías del desarrollo y la dependencia, fue quien, hacia mediados de los 70, brindó un marco teórico sobre el que se asentaría el conjunto de proyectos políticos latinoamericanos instalados al finalizar los años 80. Luego de infinidad de debates sobre el tema, Cardoso llegó a la conclusión de que el proceso de dependencia era irreversible y que, contrariamente a lo que postulaban las corrientes desarrollistas, nacionalistas o neomarxistas, la posibilidad de desarrollo para América Latina se asentaba, políticamente, en regímenes liberales democráticos, y económicamente, en la colaboración con el capital financiero internacional.

La postura de Cardoso, que prácticamente anticipaba el advenimiento del Consenso de Washington, no sólo les calzó como anillo al dedo a los países centrales, sino que abrió la puerta, en Latinoamérica, a una centroderecha democrática (en muchos casos proveniente de la izquierda populista) que "compró" sin beneficio de inventario el drástico achicamiento de las estructuras del Estado, las privatizaciones de las empresas públicas, la liberación de los tipos de cambio (o la sujeción al dólar), la desregulación de los movimientos financieros y el control de los procesos inflacionarios (que básicamente estaría fundado en el achicamientos del gasto estatal).

El propio Fernando Henrique Cardoso, que se identificaba con el pensamiento marxista clásico, se puso al frente de la nueva centroderecha democrática brasileña, ganando las elecciones de su país.

Un mal necesario

La teoría de la inevitabilidad de la dependencia y de la sociedad con el nuevo coloso, el capital financiero internacional, rápidamente ganó adeptos entre la intelectualidad latinoamericana: Mario Vargas Llosa, en Perú; Octavio Paz, en México; Juan José Sebreli, en la Argentina; son sólo algunos ejemplos de influyentes intelectuales (de reconocida formación izquierdista) que se adhirieron a lo postulado por Fernando Henrique Cardoso, pensador gravitante a lo largo de varias décadas. El resultado de la experiencia es sintetizado así por Dos Santos:

"En la década de 1990, cuando la tasa de interés internacional cae, los países dependientes se ven estimulados y hasta forzados a emprender políticas económicas de valoración de sus monedas nacionales. Estas políticas los llevan a generar importantes déficits comerciales, los cuales procuran cubrir atrayendo capital especulativo de corto plazo, pagándoles altos intereses internamente...

"El Estado se convierte en prisionero del capital financiero, ahogado por una deuda pública en crecimiento exponencial, cuyo servicio no deja ya ningún espacio para la inversión estatal, y también cada vez menos para las políticas sociales y aun para el mantenimiento del modesto funcionalismo público de la región".

Era sin duda una suerte de nuevo camino hacia el infierno, tapizado de buenas intenciones.

El caso mexicano

La noche del 6 de julio de 1988, cuando por primera vez en casi un siglo un partido de oposición le estaba ganando al Partido Revolucionario Institucional en México, se interrumpió de repente la información, el suministro corriente de datos. No parecía un hecho casual, según lo que anunció un rato más tarde la Comisión Federal Electoral. Cuauhtémoc Cárdenas Solórzano, fundador y líder del Partido de la Revolución Democrática (PRD), y en ese momento candidato del Frente Democrático Nacional, le estaba ganando por ocho puntos porcentuales a Carlos Salinas de Gortari, el postulante oficialista. A la mañana siguiente, tras un silencio con tufillo a fraude, la propia Comisión Federal Electoral anunció que Salinas de Gortari había obtenido 50% de los votos, seguido por Cárdenas, con 31%, y por Manuel Clouthier, con 17%. Los datos –reales o "fabricados"– decían que casi la mitad de los mexicanos le habían dado la espalda al partido gobernante.

Carlos Salinas de Gortari asumía entonces como nuevo presidente, rodeado de sospechas y en medio de una importante crisis económica. La devaluación de la moneda y el ascenso de la desocupación y la pobreza constituían los datos dominantes del enojo social, junto con el clima de corrupción generalizada que había dejado José López Portillo y que Miguel de la Madrid no había podido torcer.

De la mano de López Portillo, la nación azteca había dilapidado una oportunidad histórica para su economía cuando, tras la Guerra de Yom Kippur (octubre de 1973) y la negativa de los países árabes a venderles petróleo a los Estados Unidos y Europa occidental, se erigió en el primer exportador de crudo a los países ricos. En paralelo, el hallazgo de nuevos yacimientos en Campeche, Tabasco y Chiapas había dejado a los mexicanos en una posición incomparable respecto del resto de América Latina.

Entre 1978 y 1981, el "oro negro" produjo notables logros: le dejó al país 100,000 millones de dólares de excedente, aumentó a 8% anual su producto bruto y redujo a la mitad el desempleo.

Sin embargo, José López Portillo hizo todo lo necesario para que aquella imprevista bonanza económica se escurriera por las cloacas de la ineficiencia, la burocracia y la corrupción. Proyectos de desarrollo pésimamente diseñados, endeudamiento fenomenal para financiar la infraestructura petrolera y la estatización de cientos de empresas con rendimiento deficitario fueron sólo algunos de los graves errores cometidos en la política económica.

El 1 de septiembre de 1982, el hombre que presionó a la comitiva papal (cuando Juan Pablo II visitó México) para que el Sumo Pontífice celebrase una misa especial para su madre en la Residencia de los Pinos, quien permitió que su mujer tocara el piano en la Filarmónica de la Ciudad de México interpretando temas del grupo Mocedades, debió anunciarle al país la debacle económica que lo estaba azotando.

La moneda ya había sido devaluada 400%, la deuda externa entraba en moratoria, porque no podían ser afrontados los intereses generados por ella, y la fuga de capitales era una sangría diaria.

Destrozado por su propia incompetencia, sus excentricidades y los múltiples nidos de corrupción que lo rodeaban, López

Portillo nacionalizó la banca y decretó el control de cambios. Todo tarde y mal. La inflación se disparó a 100% anual, el desempleo trepó 20% en dos años y las tecnológicamente obsoletas industrias estatales bajaron drásticamente su producción.

Más de lo mismo

Pero nada de esto padeció López Portillo, porque, en diciembre de 1982, le entregó la presidencia a su sucesor, Miguel de la Madrid Hurtado, quien había sido secretario de Programación y Presupuesto de su gobierno.

El hombre de Colima, nieto y bisnieto de políticos, pocos instrumentos tenía en la mano como para procurar revertir la situación económica y el avispero social que le dejaba su antecesor. Por otra parte, los tiempos de las políticas económicas autónomas habían terminado. El reagan-thatcherismo pisaba con pie de plomo y los países de América Latina, fuertemente endeudados y dependientes de los organismos internacionales de crédito, poco podían decidir por su cuenta.

Miguel de la Madrid dio, entonces, el primer paso hacia el modelo neoliberal que se venía. Debió aplicar nuevas devaluaciones al peso, que al fin alcanzó 3.100% de depreciación; redujo en más de 50% los puestos de trabajo en el Estado; aumentó las tasas de interés bancarias y las tarifas de los servicios públicos; afrontó de la peor manera posible el terremoto que asoló la Ciudad de México el 19 de septiembre de 1985; selló la incorporación del país al GATT (Acuerdo General sobre Comercio y Aranceles), que, en los hechos, abría la economía al libre mercado internacional; y comenzó el proceso de privatizaciones de las empresas del Estado.

El regreso a la negociación con los acreedores externos, que desembolsaron un nuevo préstamo de 5,300 millones de dólares para refinanciar los intereses vencidos, le demandó al gobierno acordar con los organismos de crédito un plan de reestructuración de la economía de fuerte corte neoliberal.

Al finalizar los dos primeros años de gobierno, la administración pudo mostrar algunos logros luego del fuerte ajuste exigido a la población en su conjunto. Sin embargo, al comenzar 1987, el último año entero que le quedaba al gobierno de Miguel de la Madrid, la debacle volvió a aflorar. Las altas tasas de interés, los agobiantes servicios de la deuda externa y la tómbola especulativa en la bolsa de valores forzaron una nueva devaluación del peso de 55%, recalentaron la inflación, que al terminar el año tocaba el 160%, e hicieron estallar a la BMV (Bolsa Mexicana de Valores).

Miguel de la Madrid Hurtado había llegado a la primera magistratura con 74.3% de los sufragios, lo que, en su momento, significó una suerte de luz roja para el PRI que, con excepción de las elecciones de 1952, jamás había obtenido un porcentual tan bajo. Es fácil imaginarse, entonces, con qué grado de legitimidad llegaba al poder Carlos Salinas de Gortari.

El "liberalismo social"

A diferencia de otros presidentes que gestionaron países de América Latina entre finales de los 80 y principios de los 90, Carlos Salinas de Gortari llegaba a la primera magistratura con una enorme formación académica y una interesante historia política. Licenciado en Economía por la Universidad Nacional Autónoma de México (UNAM), había pasado por la Universidad de Harvard, donde obtuvo las maestrías en Administración Pública y en Economía Política, y el doctorado en Economía Política y Gobierno; todos con mención de honor.

En política, Salinas de Gortari había ocupado la estratégica Secretaría de Programación y Presupuesto en el gobierno de De la Madrid.

Reunía, en suma, las condiciones que parecía necesitar México de un presidente para sus tiempos de escasez. Había llegado, es cierto, con una legitimidad menguada, pero con la poderosa estructura del PRI detrás, aquello no suponía un riesgo grave, si el nuevo gobierno era capaz de resolver, aunque fuese en parte, los problemas que aquejaban al país.

Debía luchar, claro, con una ecuación económica perversa. La moratoria de la deuda externa y su posterior refinanciamiento devoraban, sólo en concepto de intereses, 14,000 millones de dólares al año, 7% del producto bruto interno o el equivalente a los presupuestos anuales nacionales de salud y educación.

La reducción de parte de la deuda externa constituía uno de los principales objetivos que se trazó el nuevo presidente; sin embargo, aunque lo alcanzara (cosa que ocurrió), Salinas de Gortari debía privatizar y ajustar para engrosar el excedente que cada año debía ser girado a los acreedores.

Su "liberalismo social" –tal como él mismo lo definió– incluía recetas semejantes a las aplicadas por otros países de la región: privatización de las empresas públicas, recorte en los gastos del Estado y, en el caso particular de México, finalizar con el reparto de tierras, según ordenaba la Constitución Nacional.

El diseño privatizador –es casi ocioso repetirlo– respetaba puntillosamente la receta que en 1989 sería oficializada en el Consenso de Washington como estrategia económica a seguir por los países en desarrollo. Debían pasar a manos privadas telefonía, aeronavegación, caminos, seguros, siderurgia, petroquímicas, cadenas hoteleras, medios de comunicación y bancos.

El diseño respondía a una lógica de hierro que se daba en el conjunto de los países en vías de desarrollo. Los servicios de la deuda externa exigían no solamente el total de los excedentes de exportación que producían las naciones, sino la reducción de los gastos estatales que, en la retórica, estaban integrados por el exceso de burocracia, pero que en realidad incluían las inversiones en salud, educación, asistencia social y seguridad.

No fue casual, entonces, el temprano paso a la oposición de la CTM (Confederación de Trabajadores de México).

Con todo, el modelo salinista exhibía logros iniciales que, como en la Argentina, por ejemplo, silenciaba voces opositoras. El PBI comenzó a crecer a un ritmo de entre 3% y 4%, la inflación cayó a 19% en 1989 y a 7% en 1994, la moneda se estabilizó y, Plan Brady mediante, se redujeron los servicios de la deuda externa.

Empero, en las aguas profundas del "liberalismo social" se preparaba el terremoto que estallaría en las manos del próximo presidente.

Zapatistas y balazos

Hacia 1992, el gobierno debió derramar cerca de 18,000 millones de dólares para paliar, en parte, años de bajos salarios, desocupación creciente, costos de la reforma del régimen minifundista del ejido y de falta de protección social a los sectores medios y bajos de la sociedad.

Paralelamente, el capital privado que había ingresado al país, lejos de fomentar inversiones productivas, había entrado a la tómbola financiera cortoplacista y de alta rentabilidad. También en 1992, 60,000 millones de dólares de capital extranjero jugaban a la ruleta en la bolsa de valores.

La reforma al régimen minifundista del ejido había dejado a cientos de miles de campesinos en la pobreza, y la bomba de tiempo estalló un día. Dice, textualmente, un informe del Centro de Investigaciones de Relaciones Internacionales y Desarrollo:

"Para el Ejecutivo de Salinas, la primera borrasca seria empezó a descargar el 1 de enero de 1994 […] Ese día se alzó en armas en el selvático estado de Chiapas el Ejército Zapatista de Liberación Nacional (EZLN), el cual, dirigido por el carismático y enigmático Subcomandante Marcos, reveló al mundo y al propio México que la euforia liberal del salinismo había dejado intactos, si no los había acentuado, muy graves problemas del Tercer Mundo, con la pervivencia de grandes bolsones de pobreza extrema y flagrantes situaciones de injusticia social en estados olvidados donde los poderes públicos, los terratenientes y las organizaciones criminales campeaban sin arreglo a la ley ni control de ningún tipo".

El cachetazo que le propinó la guerrilla al sueño primermundista desató los sacudones iniciales del terremoto que se preparaba aguas abajo.

El 23 de marzo, en Lomas Taurinas, en Tijuana, Luis Donaldo Colosio, el candidato del PRI para suceder a Salinas, fue abatido a balazos mientras celebraba un acto de campaña electoral. Ni siquiera las terminantes declaraciones del joven de veintitrés años acusado del crimen, quien afirmó que había actuado por cuenta propia, borraron las sospechas de que en el mismo seno del partido gobernante anidaban los autores intelectuales del asesinato. Tanto las reformas económicas como las enmiendas producidas en la ley electoral por el presidente, habían dañado el poder priísta y caminaban hacia el vaciamiento ideológico del partido; al menos esto era lo que sentían los revolucionarios de otrora.

A la rápida consagración de Ernesto Zedillo Ponce de León como nuevo candidato presidencial le sucedieron una serie de secuestros a empresarios con posteriores pedidos de rescate que no solamente crisparon más aún el clima en el país, sino que profundizaron sospechas respecto de cierta ala del partido gobernante. La existencia de una red de corrupción edificada y sostenida por el entorno más cercano al presidente empezó a ser otra hipótesis que creció.

El sexenio de Salinas de Gortari estaba a punto de concluir, pero las aguas estaban lejos de tranquilizarse. Dice el informe del Centro de Investigaciones de Relaciones Internacionales y Desarrollo:

"El 28 de septiembre cayó asesinado en el DF [Distrito Federal] el secretario general del PRI, José Francisco Ruiz Massieu, dirigente del ala reformista del partido, anteriormente gobernador del estado de Guerrero y a la sazón ex marido de la hermana mayor del presidente, Adriana Margarita, hasta que el matrimonio terminó en un tumultuoso divorcio en 1978. La segunda eliminación física en la cúpula priísta en algo más de seis meses no dejó lugar a dudas sobre que se libraban implacables vindictas en el partido del poder".

Cae el telón

El 1 de diciembre de 1994, Carlos Salinas de Gortari fue sucedido por Ernesto Zedillo, pero dos meses después de abandonado el cargo, otro hecho terminó de triturar los sueños de posteridad del ex presidente. Su hermano, Raúl Salinas de Gortari, fue detenido y encarcelado en una prisión de alta seguridad de México (La Palma). Se lo acusaba de homicidio, enriquecimiento ilícito y tráfico de influencias. Tras el arresto de su hermano, Carlos abandonó México, convencido de que era él quien seguía en la lista.

Sobre Raúl pesaba la sospecha de haber sido el autor intelectual del homicidio de su cuñado, José Francisco Ruiz Massieu; del lavado de 160 millones de dólares provenientes del narcotráfico; de favorecer a empresarios amigos mediante el tráfico de influencias...

En noviembre de ese año, la esposa de Raúl Salinas, Paulina Castañón, fue detenida en Ginebra por la policía suiza, cuando procuraba retirar de una cuenta, a nombre de un alias de su marido, 160 millones de dólares.

Los cargos contra Paulina (los suizos la acusaban de lavado de dinero del narcotráfico y los mexicanos de corrupción) nunca terminaron de ser probados.

Respecto de Raúl Salinas de Gortari, la justicia lo halló inocente respecto de la acusación de lavado de dinero y culpable de homicidio. Se lo condenó a cincuenta años de prisión. El 14 de junio de 2005, un tribunal de apelaciones lo liberó luego de diez años de cárcel.

Otro de los hermanos del ex presidente, Enrique, apareció asfixiado con una bolsa de plástico en la cabeza en Ampliación Tecamachalco, Huixquilucan, en 2004, mientras era investigado por la Interpol por presunto lavado de dinero. El crimen nunca fue esclarecido.

El día posterior al hallazgo del cadáver, el diario *La Jornada* informaba:

"Una investigación de la reportera María Scherer, de la revista *Proceso*, publicada en su antepenúltimo número, dio cuenta de las propiedades, la fortuna y el poder económico de Enrique Salinas, a quien se identificó como posible 'cerebro financiero' de su hermano Raúl [...] En 1997, las autoridades francesas congelaron cuentas bancarias por más de 107 millones de dólares a Enrique y Raúl Salinas de Gortari, 100 millones en los fondos del primero y casi 8 en los de Raúl".

Nada de todo esto podía ser ignorado por el ex presidente. México seguía el mismo modelo y los mismos clichés de una era de empobrecimiento, recetas aplicadas a fuerza de corrupción y remate de los bienes nacionales, desvergonzada venalidad, nepotismo y olvido de los ideales que sustentaron el acceso al poder de quienes lo usaron para gozo propio y dispendio.

Sombras en Paraguay

El 9 de mayo de 1993, cuando Juan Carlos Wasmosy fue proclamado presidente de Paraguay con 39.9% de los votos, terminaban cuatro décadas de gobiernos de facto en el convulsionado país sudamericano. Entre el 2 y el 3 de febrero de 1989, el general Andrés Rodríguez, consuegro y mano derecha de Alfredo Stroessner, había derrocado al viejo dictador, que ocupaba el poder desde el 15 de agosto de 1954, y tres años más tarde había designado a Wasmosy como candidato a la presidencia por la Asociación Nacional Republicana-Partido Colorado.

Ingeniero graduado en la Universidad Nacional de Asunción, empresario en diferentes rubros, miembro del Partido Colorado desde 1973 y socio del coronel Gustavo Stroessner, hijo del dictador depuesto, Wasmosy llegó a la primera magistratura rodeado de sombras.

El primero de los interrogantes surgió de su propia designación para representar al Partido Colorado. La interna partidaria había arrojado como triunfador a Luis María Argaña, un político ligado a la burocracia del Estado, que cuadraba mal para la tarea que el Consenso de Washington esperaba del próximo presidente. En virtud de ello, el hombre fuerte del ejército, Lino Oviedo, debió acudir al generalato para que Wasmosy se hiciera con la candidatura.

La segunda controversia se disparó la misma noche de la elección, cuando la oposición en pleno denunció que los comicios habían sido fraudulentos y que el Partido Colorado (con el expreso mandato de los Estados Unidos) estaba imponiendo a su hombre a punta de fusil.

En verdad, el viejo dictador había caído no tanto por la acción de las fuerzas armadas paraguayas que fungieron de brazo ejecutor, sino por exigencia del antiguo amigo del Norte. Washington había sido un histórico aliado de Stroessner, pero la llegada de Ronald Reagan al poder y del ultraliberalismo como modelo económico-político global demandaba transformaciones que el general anticomunista ya no estaba en condiciones de llevar a cabo, como en cambio sí pudo hacerlo Augusto Pinochet en Chile.

El tercer cono de sombras que se abatió sobre el flamante presidente electo tenía que ver con las adjudicaciones, y el vertiginoso enriquecimiento personal posterior, de las represas binacionales de Yacyretá (en conjunto con la Argentina) e Itaipú (en sociedad con Brasil). Por entonces, Wasmosy presidía el directorio de Conempa SRL (Consorcio de Empresas Paraguayas), un emprendimiento con graves problemas financieros que, sin embargo, ganó ambas licitaciones por el lado paraguayo y se recapitalizó vertiginosamente. Wasmosy incrementó entonces en varias decenas de veces su fortuna personal.

El cuarto elemento que oscurecía la figura del empresario, que había transitado, además, el rubro financiero, el agrícola-ganadero y el de la construcción, era su sospechada insolvencia para conducir un proceso de transición hacia la democracia, en la medida que llegaba desde fuera de la política (pese a su afiliación partidaria), así como su falta de fortaleza para enfrentar las presiones de los militares, socios fundadores del Partido Colorado.

Colorados ricos

El hombre debía también encarar un proceso de privatizaciones que, en una primera etapa, involucraba a la aeronavegación comercial, la flota mercante, la siderurgia, los ferrocarriles y la destiladora estatal de alcohol. Todo en un marco en el que la pobreza azotaba a casi la mitad de la población paraguaya, y siendo el propio presidente un empresario.

Dice Esteban Caballero:

"La candidatura de Wasmosy significó una alianza entre dos factores de poder: por un lado, el capital mercantilista ligado al sector de la construcción, pero que se extendió a las finanzas, la ganadería y la agroexportación, y, por el otro, el factor militar,

81

que cooptó a un sector importante del partido y en cierto sentido lo coaccionó a que lo postulara".

A los efectos de tranquilizar a los organismos de crédito internacionales y al gobierno de los Estados Unidos, el nuevo presidente, integrante del grupo económico conocido como "los Barones de Itaipú" (por las ganancias fabulosas que la represa les había dado), anunció no solamente las privatizaciones, sino una reestructuración de la economía al paladar neoliberal. Empero, el rumbo atentaba directamente contra el empresariado civil y militar del Partido Colorado.

"No habrá colorados pobres", proclamaba en sus tiempos de gloria Alfredo Stroessner, cuando los intereses económicos de la estructura civil del Partido Colorado coincidían plenamente con los de las fuerzas armadas. El gobierno de Wasmosy, pese a las turbulencias internas, intentó no desairar la profecía del viejo dictador.

Conocedor de la entretela profunda de su patria, Jorge Lara Castro describió así la política económica que finalmente desarrolló el empresario devenido presidente:

"La política económica del gobierno proclama un discurso 'moderno' neoliberal, pero defiende en lo fundamental el contenido de los gobiernos anteriores. El mantenimiento del esquema presupuestario, donde 95% del gasto se destina a mantener la burocracia estatal y los gastos de defensa, es uno de los instrumentos políticos que el gobierno ha utilizado para garantizar la unidad PC-FF. AA. [Partido Colorado-Fuerzas Armadas]. Otro instrumento es la estabilidad económica a través de la economía negra (contrabando, lavado de dinero, narcotráfico), que le ha permitido al Poder Ejecutivo contar con una base social y regular las relaciones conflictivas que se producen entre grupos empresariales y el propio gobierno, debido a la competencia 'desleal' entre grupos diversos, y las tensiones existentes con obreros y campesinos por problemas de desempleo, salario y tierras".

Lo cierto es que, sin reformas del Estado, pero con el mismo grado de concentración de la riqueza en manos del "empresariado colorado", y en menor medida del resto del empresariado industrial (el sector industrial constituye, apenas, 14% del PBI), con el empobrecimiento de los sectores populares (el campesinado, en especial, que conforma la mayoría de la clase trabajadora paraguaya), y con las crisis económicas a repetición, la administración Wasmosy empezó a caer en picada, empujada por la lucha de campesinos, obreros y organizaciones independientes que reclamaban la instauración de una verdadera democracia.

Diferencias y negocios

En 1996, la ya precaria alianza entre Lino Oviedo, el hombre fuerte del ejército, y Juan Carlos Wasmosy se rompió definitivamente. El 22 de abril, el presidente destituyó al poderoso general de la cima del ejército, con el argumento de que Oviedo había violado la ley que prohibía a los militares en actividad participar en política. En verdad, la orden había llegado desde Washington, empujada por varias razones.

El primer motivo, aunque no el más importante, era la certeza que tenían los Estados Unidos respecto del vínculo entre el general y los carteles del narcotráfico.

La segunda razón, bastante más importante que la primera, consistía en que esa suerte de equilibrio o alianza entre Wasmosy y Oviedo atentaba no sólo contra el desmantelamiento del poder militar anidado en el Partido Colorado, sino también contra la implementación del diseño neoliberal al que aspiraba Washington. El matrimonio entre la burocracia estatal del partido de gobierno y los uniformados boicoteaba el proceso privatizador que aguardaban las empresas norteamericanas y europeas para hacerse con el botín patrimonial de Paraguay.

Si el general era nombrado como candidato a la presidencia al concluir el turno de Wasmosy, tal como pretendía el mismo Oviedo, todo volvería a foja cero, imaginaban desde el Norte.

Al fin, luego de un turbulento período de negociaciones, de idas y vueltas y de inestabilidad política, el presidente ordenó el arresto del controvertido general, en octubre del año siguiente, acusándolo de golpismo. Todo en el marco de un incontrolable déficit fiscal que acabó secando la plaza de dinero y llevó a la bancarrota a decenas de bancos, fundamentalmente estatales.

El 10 de mayo de 1998, Raúl Cubas Grau se convirtió en el nuevo presidente de Paraguay.

Wasmosy, aunque a los tumbos, había logrado llegar a la otra orilla, transfiriéndole el poder a un nuevo presidente civil. Sin embargo, las acusaciones por corrupción, estafa y peculado lo rodeaban. La más importante radicaba en la transferencia de 20 millones de dólares desde el Instituto de Previsión Social al Banco de Desarrollo, una entidad privada propiedad de banqueros amigos de Wasmosy que quebró un mes después de la salida del presidente. Cuatro años más tarde, Wasmosy fue hallado culpable, pero la prisión quedó en suspenso. Finalmente, la Corte Suprema acabó absolviéndolo.

Pese a que en su declaración de bienes personales Wasmosy admitió un patrimonio de 7'100,000 dólares, algunos han estimado que esa cifra, en verdad, se eleva hasta los 1,400 millones, si bien eso nunca pudo ser probado.

Otro elemento que pesa sobre los hombros del ex presidente es su vínculo con Carlos Barreto Sarubbi, gobernador del departamento de Alto Paraná. En palabras de Esteban Caballero:

"...conocido contrabandista de Ciudad del Este, centro de la economía negra del país, en la frontera este con el Brasil. En esta zona se localiza una nomenclatura mafiosa que controla el poder económico y el poder político local, permeando además todo el sistema judicial y los órganos de contraloría y de poder de policía [...] Recientemente, el gobernador de Alto Paraná fue filmado en forma oculta en una reunión con los encargados de aduana de Ciudad del Este, diciendo que los mismos tenían cinco años para hacerse ricos. Al mismo Barreto Sarubbi se lo nombra como autor intelectual del asesinato del diputado Julio César Riquelme, quien aparentemente se encontraba investigando el tema de la corrupción en la zona".

El 23 de mayo de 1996, con Wasmosy aún en el poder, una jueza uruguaya condenó a dos años de prisión al director del diario *La República* de ese país, Federico Fasano, y al redactor responsable, Carlos Fasano, por "atentado contra el honor de un jefe de Estado extranjero". El periódico había publicado una nota con abundantes pruebas y testimonios, según la cual el costo inicial de la represa de Itaipú era de 2,000 millones de dólares, pero había costado 20,000 millones. La diferencia, decía *La República*, había ido a parar a manos de "ciudadanos ilustres" del Paraguay, entre los que se hallaba Juan Carlos Wasmosy.

El entonces presidente paraguayo realizó una demanda en febrero de 1996 en contra del medio, y la jueza, negándose a verificar las pruebas, condenó a los hermanos Fasano.

El suceso, que recorrió el mundo y que en otras circunstancias podría haber encajado en la categoría de comedia (una jueza que condena sin valorar pruebas y testimonios presentados por la defensa), no hacía más que confirmar el poder económico y los vínculos políticos de los Barones de Itaipú.

Sin embargo, lo que afirmaba *La República* no era nuevo. Ya antes, Luis María Argaña, quien habría de caer asesinado durante el mandato de Raúl Cubas (heredero de Wasmosy), había dicho que Juan Carlos Wasmosy, antes de ser presidente. se había dedicado...

"...a chupar medias de quienes ostentaban el poder, para recibir los jugosos contratos de Itaipú sobrefacturados, estafando al pueblo".

En 1997, el Tribunal de Apelaciones de Uruguay declaró que la sentencia de la jueza Zulma Casanova contra los hermanos Fasano era absolutamente nula.

Mientras tanto, las clases populares del subcontinente, testigos a veces ignorantes y siempre impotentes ante la danza de millones, seguían esperando.

Capítulo 5
Un "chino" en los Andes

> "Siempre estaré en la memoria colectiva de una u otra forma, y si tuviera que escribir mi autobiografía, no me definiría como un hombre calculador, descorazonado o frío, como muchos me ven, sino como alguien comprometido con su pueblo."
>
> Alberto Fujimori

Los Estados Nación o Estados nacionales aparecieron como forma política con el Tratado de Westfalia, en 1648, pero se consolidaron al comenzar el siglo XX. Se caracterizaron por tener "un territorio, una población y un gobierno".

Este modelo de organización política parece haber encontrado su límite –si no su fin– al comenzar las últimas dos décadas del siglo XX. La caída del muro de Berlín podría ser el momento histórico que marcó dicho límite o, como prefiere Eric Hobsbawm, 1991, año de la desaparición de la Unión Soviética.

Al enmarcar al siglo XX "corto", el historiador británico sitúa el período entre 1914 y 1991. La primera fecha alude al comienzo de la Primera Guerra Mundial, pero bien podría señalar, además, la consolidación definitiva de los Estados nacionales.

Sin embargo, 1989 parece tener una carga simbólica más determinante. En noviembre de ese año, en la noche del jueves 9, miles de berlineses del Este atravesaron la muralla alzada en 1961. También en noviembre, John Williamson redactó el documento que habría de convertirse en el Consenso de Washington.

Una nueva era

La caída del muro de Berlín fue, efectivamente, el prolegómeno del derrumbe de la URSS y del nacimiento de un mundo unipolar. La firma del documento elaborado por Williamson era la aceptación casi universal de "lo que Washington quiere decir por política de reformas" y el comienzo de la globalización.

Cuarenta y cinco años antes, en el complejo hotelero de Bretton Woods, la Conferencia Monetaria y Financiera de las Naciones Unidas había creado dos entidades universales que comenzaron a funcionar un par de años más tarde: el Fondo Monetario Internacional (FMI) y el Banco Mundial (BM). Además, había elevado el dólar a la categoría de moneda de cambio internacional.

Pocos imaginaban entonces en qué se transformarían estos dos organismos de crédito casi al terminar el siglo.

Lo cierto es que, al comenzar los años 90, los Estados nacionales, al menos en el mundo en desarrollo, virtualmente habían desaparecido como tales. Otros organismos supranacionales, sin población ni territorio concreto, gobernaban la vida de los hombres. La Organización Mundial de Comercio (OMC), la Organización para la Cooperación y el Desarrollo Económico (OCDE), más el FMI y el BM, dictaban políticas sin tener que preocuparse por la pobreza y el desempleo de su gente, porque no la tienen; sin el deber de cuidar la fertilidad de la tierra y la pureza de los ríos, porque no poseen territorios; sin tener que ganar elecciones ni dar cuenta a votante alguno... Dice Ignacio Ramonet:

"Tras suceder al GATT en 1995, la OMC se ha convertido en una institución dotada de poderes supranacionales y exenta del control de la democracia parlamentaria. Una vez consultada, puede declarar las legislaciones nacionales en materia de trabajo, medio ambiente o salud pública 'contrarias a la libertad de comercio' y exigir su derogación".

Ocurre que, en rigor de verdad, el nuevo poder supranacional creado por los Estados no responde a ellos, pues los ha transformado en súbditos, sino a las enormes y poderosas corporaciones que ya ni siquiera tienen un dueño visible, y cuyo único objetivo es el puro lucro. Ni los Estados Unidos, en calidad de potencia planetaria, ha podido controlar una estructura que se le fue de las manos. La brutal crisis financiera desatada a mediados de 2007 probó que la propia economía norteamericana acabó siendo víctima de la desregulación extrema, que los poderes supranacionales le impusieron incluso al más poderoso Estado del planeta.

Dicha crisis financiera internacional está dejando algunas enseñanzas paradójicas para el discurso dominante: aquellos países a los que el poder supranacional había castigado dejándolos fuera del mercado financiero, son hoy los menos afectados por el marasmo económico. Ramonet aporta datos incuestionables a la hora de dimensionar el poder de las corporaciones:

"En muchos casos, su volumen de negocios es superior al PNB de numerosos países desarrollados: así, el de General Motors supera el PNB de Dinamarca; el de Exxon, el PNB de Noruega; y el de Toyota, al PNB de Portugal. El total de los recursos financieros de que disponen esas empresas excede a menudo a los ingresos de los Estados, incluidos los más desarrollados, y sobre todo a las reservas de cambio custodiadas por los bancos centrales de la mayoría de los grandes Estados".

Es obvio que la globalización se transformó en el gobierno de las corporaciones, y el dinero, en la mercancía excluyente capaz de reproducirse a sí misma en forma logarítmica.

Los nuevos amos

Contrariamente a sus propios intereses, y como si de una autoflagelación se tratara, los propios Estados nacionales toleran −y algunos fomentan− que las corporaciones eludan los regímenes tributarios, evadiendo los impuestos que cada gobierno necesita para atender las necesidades de su población.

Los paraísos fiscales son hoy una descarada triquiñuela que, según cálculos de la británica Tax Justice Network, le arrebatan a la población mundial alrededor de 11,500 billones de dólares, a la vista de todos los Estados del planeta, incluido los Estados Unidos.

Un informe del diario *Página 12*, de la Argentina, da cuenta de que, por ejemplo, en Delaware, el segundo estado más pequeño de los Estados Unidos, están radicadas más de 200 000 empresas norteamericanas, entre las que se cuentan Coca-Cola, Ford, General Motors y American Airlines. Sucede que ese gobierno estatal no cobra impuestos por las actividades comerciales realizadas fronteras afuera (*off-shore*). En un solo edificio, en la ciudad de Wilmington, tienen el domicilio legal casi todas estas empresas, lo que llevó a Obama a decir, tal cual reproduce el mencionado periódico:

"Ése debe ser el edificio más grande del mundo o la mayor estafa impositiva de la historia, y nosotros sabemos cuál es".

Pareciera ser, sin embargo, que pese a la información con la que cuenta el presidente norteamericano, poco puede hacer al respecto. Nadie ignora que Islas Caimán, Hong Kong, Singapur, Suiza, Luxemburgo, Bermudas, Bahamas, Islas Vírgenes, Panamá, Costa Rica, Uruguay, Mauricio, Jersey y las Antillas holandesas son algunos de los refugios seguros que están a disposición de las corporaciones.

"Los países en desarrollo –informa *Página 12*– experimentan una salida de fondos hacia estos destinos que supera los 500,000 millones de dólares anuales, perdiendo de recaudar miles de millones de impuestos cada año."

Ése fue –y en buena medida sigue siendo– el marco en el que el fundamentalismo liberal fijó su recetario para el planeta en general, y para el Tercer Mundo en particular. Casi inexorablemente, los distintos gobiernos de la región debieron aplicar políticas que –sabían– habrían de deteriorar tanto la calidad de vida de sus poblaciones como la pureza de su medio ambiente. Quebradas las ilusiones del Estado de bienestar que impulsó la política en los años 50 y 60, la corrupción de los gobernantes pasó a ser funcional a las exigencias de los poderes supranacionales.

Un hijo de inmigrantes

Posiblemente, Fujimori Ken'ya, o Alberto Fujimori, sea la expresión más acabada de lo que significó el recambio político de los 90, proceso en el cual candidatos llegados desde los márgenes de la política tradicional, o desde las segundas líneas de los partidos históricos, se alzaron con la presidencia de su país: Fernando Collor de Mello, en Brasil; Juan Carlos Wasmosy, en Paraguay; Mireya Moscoso, en Panamá; Carlos Menem, en la Argentina; y el más emblemático, Alberto Fujimori en Perú, entre otros, integran esa lista.

Hijo de un matrimonio de campesinos japoneses pobres que llegaron a Perú en 1934 en busca de mejores condiciones de vida, el pequeño Alberto, segundo de los cinco hijos del matrimonio, creció en medio de las estrecheces familiares. Su padre, primero jornalero en la cosecha del algodón, sastre, después, y pequeño empresario en el rubro del neumático, más tarde, sólo pudo dejarle al futuro presidente una educación de primer nivel, herencia que para Naoichi Fujimori era más valiosa que el dinero.

Sin desaprovechar el legado, Alberto Fujimori ingresó a la Universidad Nacional Agraria La Molina y en tres años se graduó de ingeniero agrónomo como el número uno de su promoción.

El ámbito académico era lo suyo, por lo cual, al año siguiente de su graduación se hizo cargo de una de las cátedras de Matemáticas en la flamante Facultad de Ciencias. Educado en los preceptos de honestidad y laboriosidad, sintió que el cargo requería de él una formación más rigurosa, y dos años más tarde viajó a Francia para realizar el curso de posgrado en Matemáticas y Física que dictaba la Universidad de Estrasburgo.

No conforme con eso, y aprovechando una beca de la Fundación Ford, llegó a la Universidad de Wisconsin, completó otro curso de posgrado y obtuvo el máster en Ciencias Matemáticas.

Hacia 1984, Alberto Fujimori era ya un catedrático reconocido y respetado por sus pares; sus pergaminos en el terreno de las ciencias duras estaba fuera de toda discusión, por lo que el cargo de rector de la UNALM (Universidad Nacional Agraria La Molina) que se le otorgó, juntamente con el decanato de la Facultad de Ciencias, no sorprendieron a nadie. Tampoco, que tres años más tarde se transformara en el presidente de la Asamblea Nacional de Rectores. Todo parecía posible para aquel meritorio joven, hijo de campesinos pobres.

El que quiere, puede

En 1988, como resultado de sus actividades académicas, pero en especial por ser el conductor de un programa televisivo, Fujimori comenzó a tener contacto cotidiano con varios dirigentes desencantados del APRA (Alianza Popular Revolucionaria Americana), el partido de gobierno. La administración del entonces presidente Alan García se hundía en el fango del desastre económico y la corrupción, y aquellos dirigentes imaginaban una renovación que pudiese exhibir al pueblo rostros ejemplares, como el del prestigioso presidente de rectores, vinculado a la ciencia y la eficiencia.

El candidato por el aprismo sería Luis Alva Castro, y la durísima herencia que le dejaba Alan García necesitaba de jugadas imaginativas.

Sin embargo, "el Chino" (como luego lo apodaría la gente con su total beneplácito) no estaba dispuesto a aceptar ser un actor de reparto.

Se había transformado en un referente académico nacional y creía poder hacer lo mismo en el terreno de la política, pese a que ignoraba hasta los rudimentos de la materia. Y ni hablar de su ignorancia en el terreno económico.

Decidido a seguir eslabonando triunfos, y alentado por un manojo de seguidores cuyo núcleo central lo conformaban los más tenaces militantes de las iglesias evangélicas, Alberto Fujimori fundó Cambio 90, su propio partido político, el 5 de octubre de 1989, tan sólo seis meses antes de la primera ronda electoral. Parecía imposible tomarlo en serio.

Tras el estruendoso fracaso del APRA, y con la ola neoliberal avanzando en el subcontinente, las elecciones en Perú se plantearon en términos tajantes: la derecha liberal democrática encolumnada detrás de Mario Vargas Llosa y su Fredemo (Frente Democrático), que anunciaba las reformas exigidas por el Consenso de Washington; el vapuleado APRA, apostando al voto cautivo, pero siempre recostado sobre la centroizquierda; y las dos izquierdas tradicionales: Izquierda Unida e Izquierda Socialista.

Propuestas duras y definidas se ofrecían a una sociedad que no quería volver a experimentar el desmadre populista del

APRA, que no se animaba a ensayar un giro definitivo hacia un modelo socialista, pero que a la vez les temía a las banderas "ajustadoras" de la derecha.

Aunque pocos lo percibieron en ese momento, y muchísimo menos Alberto Fujimori, la coyuntura favorecía a quien fuese capaz de mezclar de forma difusa, y acaso impracticable, eficiencia, sensibilidad social, ordenamiento del Estado, tecnocracia y desprecio por las ideologías; a quien, en suma, se adhiriese a la nueva política y calzara el ropaje reputado como "del siglo XXI". Todos estos términos tenían poco sustrato conceptual, pero eran lo suficientemente bien sonantes y almibarados como para endulzar los oídos de electores confundidos y asustados. Para comprenderlo, bastaba con mirar la experiencia de Carlos Menem en la Argentina, pocos meses antes.

Alberto Fujimori tenía, además, un elemento casual que lo favorecía. Sus ojos achinados y su piel cetrina lo hacían aparecer como un "mestizo", "hombre de pueblo" instruido, histriónico y carismático, bien diferenciado del "blanco" Vargas Llosa, que solía residir en París o Madrid y hablaba para los intelectuales "pitucos" como él.

Y el eslogan (no podía faltar) fue: "Un presidente como tú", que rápidamente opacó al inicial "Honestidad, tecnología y trabajo" en el mismo momento en que sus pocos asesores con instinto político percibieron las simpatías que los rasgos del Chino recogían.

La noche del 8 de abril de 1990, las agencias de noticias que cubrían las elecciones peruanas dispararon una información sorprendente para la mayoría de los observadores ortodoxos: Alberto Fujimori, con 29.1% de los votos, y a sólo tres puntos porcentuales de Mario Vargas Llosa, acompañaría al célebre escritor a la segunda ronda electoral. Atrás había quedado una buena parte de la política tradicional peruana.

El aplicado profesor de matemáticas, en apenas un año de trabajo y con una tropa limitada y variopinta, disputaría la primera magistratura del país con otro recién llegado a la arena política, Mario Vargas Llosa. El literato, empero, no solamente tenía antecedentes de militancia (izquierdista) en su juventud, sino que estaba rodeado por una gran mayoría de la nueva intelectualidad peruana de derecha. Fujimori sólo contaba con comerciantes, pequeños empresarios y evangelistas voluntariosos.

La sorpresiva y novedosa recomposición en las apetencias populares puso al aprismo y a la izquierda en un dilema: en modo alguno podían apoyar la alianza derechista del Fredemo, pero el Chino los llenaba de desconfianza. Entonces, impelidos a decidir, optaron por el mal menor.

El 10 de junio de ese año, Cambio 90 se transformó en el nuevo partido de gobierno con un apabullante 62.5% de los sufragios. La cifra, sin embargo, escondía una importante debilidad para el nuevo presidente. En el Parlamento su fuerza ocupaba una módica tercera minoría.

Fujimori, con F de FMI

El legado que Alan García dejaba a Fujimori no era envidiable: hiperinflación (2.773% anual), depresión económica (caída de 12% del PBI), deuda externa agobiante (20,000 millones de dólares), corrupción, narcotráfico y una fortalecida y activa guerrilla. Si esta combinación sería brutal y explosiva para políticos altamente experimentados, para el nuevo inquilino de la residencia presidencial suponía *trotyl* en estado puro.

Carente de cuadros políticos y técnicos a su alrededor, Alberto Fujimori tomó tres decisiones iniciales que marcaban el rumbo que habría de seguir su gobierno: armó un gabinete ministerial con profesionales llegados desde otras fuerzas políticas de derecha, pidió asesoramiento en materia económica al FMI, que inmediatamente le envió técnicos peruanos formados en Chicago, y convirtió al ex capitán Vladimiro Montesinos en su asesor personal y mano derecha.

Abogado y militar formado en la tristemente célebre Escuela de las Américas, en Panamá, donde los Estados Unidos entrenaba a los uniformados latinoamericanos en técnicas antisubversivas, Montesinos cargaba con pesados antecedentes en su contra. Acusado de espionaje y traición a la patria por entregarle material clasificado a la embajada de los Estados Unidos, fue luego dado de baja del ejército y condenado a un año de prisión cuando viajó ilegalmente a Washington para colaborar con la CIA en contra de su propio país. Evitó ser enviado al paredón de fusilamiento sólo porque los generales de entonces (1976) considereraron que aplicarle la pena de muerte deterioraría profundamente la imagen del ejército.

Con su título de abogado fraguado (nunca aparecieron registros universitarios que acreditaran su graduación), el hombre de Arequipa se abocó, exclusivamente, a la defensa de narcotraficantes peruanos y colombianos, y de policías acusados de corrupción, violencia y narcotráfico. En pocos años, su tarea jurídica lo convirtió en uno de los hombres más ricos del país.

Pero la verdadera especialidad de Montesinos, y por la cual se convirtió en el hombre de confianza del nuevo presidente, era la de hacer desaparecer pruebas incriminatorias. Ya lo había demostrado en los casos de los jefes narcos colombianos Evaristo Porras Ardilas y Jaime Tamayo, pero su momento de gloria llegó cuando, en 1990, antes de la segunda ronda electoral, Fujimori fue acusado de transacciones ilegales con bienes raíces y evasión tributaria. Vladimiro Montesinos, a la sazón, su abogado defensor, logró que las prueban de los delitos se evaporaran.

Contra todas las medias tintas de sus promesas electorales, Alberto Fujimori arrancó su administración del Perú dispuesto a llevar adelante, contra viento y marea, el recetario completo enviado por el FMI a través de sus asesores.

El 8 de agosto, el superministro de Economía Juan Carlos Hurtado anunció la derogación de las subvenciones a los productos alimenticios de primera necesidad (pan y leche, entre otros), con lo que los precios de los mismos se elevaron hasta cinco veces; también el precio de la gasolina fue liberado, aumentando 3,000 por ciento.

La lógica fondomonetarista, a la que Fujimori adscribiría sin beneficio de inventario, pontificaba que aquellas medidas contribuirían a reducir el déficit del Estado y, por lo tanto, a detener la inflación que generaba la emisión monetaria.

Desde luego, en un país con 10% de desocupación efectiva y 75% de trabajadores en la informalidad o trabajando en negro, eso suponía un mazazo que dejaba a la mayoría en las puertas de la indigencia, en el mejor de los casos. Paradójicamente, frente a los anuncios de Hurtado, el plan económico enarbolado por Vargas Llosa sonaba ahora keynesiano.

Al día siguiente de los anuncios, manifestaciones, saqueos y violencia envolvieron a Lima. La represión policial, la inquietud en el ejército, los ataques guerrilleros a repetición, los sucesivos paros generales de las centrales obreras y una inflación lanzada a 7,600% anual completaron el escenario del primer año del gobierno de Alberto Fujimori.

Algunas cosas, sin embargo, empezaron a quedar absolutamente claras. El Chino no habría de alejarse del neoliberalismo extremo (a Juan Carlos Hurtado lo reemplazó al frente del Ministerio de Economía Alberto Boloña, un monetarista puro), no le temblaría la mano a la hora del disciplinamiento social (para eso estaba Montesinos) y barrería con todo lo que se pusiese en su camino (Parlamento, militares disconformes y guerrilleros). Su tarea recién había comenzado.

Observar la receta

En julio de 1991, casi coincidiendo con el primer aniversario de su mandato, y a imagen y semejanza de lo que estaban haciendo o harían otros países de la región igualmente involucrados en el credo neoliberal, Fujimori cambió la moneda. El inti pasó a ser historia y el nuevo sol ocupó su lugar, al tiempo que se liberaba por completo el tipo de cambio.

Ese año, también, el gobierno de Cambio 90 presentó en sociedad a la COPRI (Comisión de Promoción de la Inversión Privada), organismo que se encargaría de conducir el proceso de privatizaciones que entre 1992 y 2000 habría de transferir la casi totalidad del patrimonio público peruano a manos privadas. Esas empresas, es cierto, cargaban con alto déficit, escasa eficiencia y estaban colonizadas por la corrupción. Sin embargo, tal cual apunta la economista peruana Ariela Ruiz Caro:

"...a la hora de defender las privatizaciones no se consideró el rol potencial del Estado como asignador eficiente de los servicios públicos y garante de la equidad social en un país que presenta profundas desigualdades en la distribución del ingreso.

Tampoco se recordó que, en muchos casos, la ineficiencia privada en ciertos sectores de la economía fue trasladada al Estado. Esto ocurrió sobre todo en el sector financiero, con la transferencia de carteras incobrables de bancos en quiebra. En el sector industrial, muchas empresas fueron asumidas por el Estado para preservar las fuentes de trabajo. Como consecuencia de este tipo de medidas, el Estado trasladó a la sociedad los costos de la ineficiencia del sector privado".

Como en el resto de los países latinoamericanos que asumieron las pautas del Consenso de Washington, el argumento motor para justificar el proceso de venta radicaba en la cantidad de divisas que ingresarían al Estado en concepto de pago de las privatizaciones. También como en el resto de los países, se escamoteaban un par de condiciones que llegaban de la mano de las ventas: la liberación absoluta del comercio exterior y el compromiso por parte del Estado de garantizar una altísima rentabilidad que les compensara a los capitales adquirentes no ir a buscar la renta en el sector financiero, mucho más seguro y de corto plazo.

El recetario incluía, además, otras dos condiciones que, en paralelo con las privatizaciones, desparramaban sus ventajas en el conjunto de la actividad privada: informalidad o precariedad laboral y privatizaciones de las jubilaciones y pensiones, uno de los negocios más suculentos que obtuvieron los bancos extranjeros en América Latina.

En ocho años, Perú privatizó la electricidad, los teléfonos, el petróleo, la minería, los aeropuertos, los puertos y las redes viales, entre otros sectores. A nivel laboral, el proceso de ventas eliminó 80 000 puestos netos de trabajo. Respecto de lo puramente económico, los ingresos por privatizaciones se gastaron en defensa, reducción de la deuda externa y gastos corrientes, o sea que al final de la rueda, el país se desprendió de todos sus activos físicos sin una contraprestación equivalente en el largo plazo. Pero la receta había sido cumplida al pie de la letra. Y esa satisfacción, al menos, quedaba.

De demócrata a golpista

Al comenzar 1992, Alberto Fujimori se hallaba frente a un par de dilemas que le quitaban el sueño; estaba derrotando a la inflación, que ya se había ubicado en los tres dígitos, y comenzaba a salir de la recesión, pero el nivel de vida de los peruanos de la clase media baja y baja había empeorado notablemente, alimentando no sólo a la guerrilla, sino también al narcotráfico. Estos dos últimos puntos significaban una fuente de rispidez con Washington que exigía mano militar para terminar con ambos asuntos. Pero tanto el camino de la militarización como los pasaportes necesarios para acelerar las privatizaciones debían pasar por el Parlamento, que en especial se oponía cerradamente a los planes militaristas.

Luego de las consultas pertinentes con los mandos militares, muy influidos, además, por el Pentágono, el Chino tomó la decisión. En la noche del 5 al 6 de abril perpetró un autogolpe militar: clausuró el Congreso y puso bajo la órbita de la presidencia al Poder Judicial. Bajo esas circunstancias, asumió plenos poderes, suspendió la Constitución Nacional, sacó a las fuerzas armadas a patrullar las calles y mandó a detener a los principales líderes políticos de la oposición.

El "Fujigolpe" no tuvo, sin embargo, las graves consecuencias populares que podían esperarse. La amplia clase media limeña apoyó la ruptura democrática, producto de la pésima opinión que tenía de los partidos políticos, y la desaprobatoria reacción internacional no pasó de gestos formales que se diluyeron rápidamente. El jefe de Estado (ahora *de facto*) prometió a la OEA un calendario electoral y las tibias sanciones fueron levantadas. En ese plazo, el Chino debía cumplir un compromiso impostergable con los Estados Unidos, y lo hizo.

El 12 de septiembre, Fujimori anunció al país la captura de casi toda la conducción del grupo guerrillero Sendero Luminoso, incluido su jefe máximo, Abimael Guzmán. El brazo armado del Partido Comunista peruano, que contaba ya con cerca de 20 000 efectivos, había sufrido un golpe demoledor y ya no volvería a levantarse.

El descabezamiento de Sendero Luminoso no solamente desarticuló al más poderoso grupo guerrillero, sino que golpeó psicológicamente sobre el MRTA (Movimiento Revolucionario Tupac Amaru), que casi paralizó sus acciones.

Dos meses más tarde, Alberto Fujimori volvió a dar un nuevo golpe de efecto sobre su futuro electorado. Anunció la detención de un grupo de militares que, según dijo, pretendían dar un golpe de Estado y asesinarlo. Volvía a ser un insigne demócrata.

Al terminar la ronda electoral –que comenzaba con la elección de un Congreso Constituyente para que elaborara una nueva Carta Magna, seguía con elecciones de alcaldes y concejales, y concluía con un referéndum en el que la población debía aprobar la nueva Constitución Nacional (que incorporaba la novedad de un parlamento unicameral y la reelección por única vez del presidente)–, Alberto Fujimori había quedado en una posición política envidiable, haciéndose con más de 50% de las bancas parlamentarias y una importante popularidad entre los limeños.

Al amparo de buenas noticias

Sin embargo, los primeros atisbos de lo que vendría comenzaron a flotar en la superficie cuando Susana Higuchi, esposa del presidente, lo denunció ante la justicia por presuntos actos de corrupción; a él, a dos ex ministros y a quien era entonces su viceministro de Justicia.

Nada, empero, parecía hacer mella sobre la aprobación con que contaba Fujimori. En 1994, un año antes del turno electoral que lo conduciría a su segundo mandato, el gobierno pudo exhibir cifras económicas deslumbrantes, tal como habían podido hacer otros mandatarios de la región tras el *shock* neoliberal. La inflación no superaba el 10%, el PBI había trepado hasta 12.9%, una de las cifras más altas del mundo, y las reservas del Banco Central de Perú habían aumentado en más de 7 000 millones de dólares. La pobreza seguía tan elevada como siempre y la distribución de la riqueza llegaba a valores altamente inequitativos, pero a los ojos de las clases medias urbanas, el Chino había operado un milagro. En las clases populares, el fin del flagelo senderista era el dato que ameritaba renovarle la confianza al presidente.

El 9 de abril de 1995, convalidado por 64.4% de los sufragios, Alberto Fujimori se aseguró un nuevo mandato de cinco años.

No era poco para un presidente que, por si le faltara algo, en enero de ese año había enfrascado a sus fuerzas armadas en una guerra contra Ecuador por un litigio territorial de larga data, y que militarmente había llevado la peor parte. Perú tuvo cerca de 400 bajas, perdió alrededor de una docena de aviones y pudo haber sido derrotado en el conflicto si los países garantes del Protocolo de Río no hubiesen impuesto un cese del fuego.

Sin embargo, el raro gracejo de un hombre poco afecto a la democracia republicana y al respeto por los derechos humanos, todavía, en ese entonces, podía obrar milagros. Señala un informe del Centro de Investigaciones de Relaciones Internacionales y Desarrollo:

"Fujimori cultivaba la imagen de estadista expeditivo, de hombre de acción poco dado a sutilezas ó a atender prédicas sobre el respeto de los derechos humanos, pero en sus apariciones públicas hacía gala de una jovialidad y un transformismo sorprendentes; fuera para visitar remotas poblaciones indígenas del Altiplano o a los soldados destacados en el frente, el presidente peruano se colocaba la indumentaria más a tono para la ocasión con toda naturalidad, dispensando sonrisas y sin temer caer en el ridículo. Así, durante la Guerra del Cenepa acudió a Cueva de los Tayos, rodeado de soldados y periodistas, para izar la bandera nacional y conceder una rueda de prensa, al tiempo que se tomaba un baño en un estanque natural junto a la gruta conquistada".

La perpetua sonrisa de Fujimori no representaba, empero, al rostro de su gobierno. A las denuncias por corrupción de Susana Higuchi pronto se sumaron las de la oposición y las de las asociaciones de derechos humanos internacionales, estas últimas por secuestros, torturas y ejecuciones sumarias a opositores al gobierno. De la mano de Vladimiro Montesinos al frente del SIN (Servicio de Inteligencia Nacional) y del Grupo Colina, una suerte de escuadrón de la muerte integrado por cuadros militares, la administración fujimorista había decidido valerse del estado de excepción y del combate a la guerrilla para arrasar con el escaso disenso que tenía enfrente.

La economía todo lo tapaba y, hasta 1998, Alberto Fujimori era el niño mimado de la bulliciosa tropa integrada por la ortodoxia económica del Consenso de Washington.

Todo lo bueno termina

El año 1998 trajo tres malas noticias para el hombre que ya había forzado la letra constitucional para ir por un tercer mandato. Dos crisis financieras, una en Rusia y otra en Asia, y el derrumbe del precio de los metales, principal exportación de Perú, encendieron una poderosa luz roja en cuanto a la consistencia del diseño económico.

En pocos meses, la actividad se retrajo, el crecimiento se transformó en negativo (-0.7% del PBI), la pobreza regresó a su histórico 54%, luego de una disminución de 5% en los dos años anteriores, y la indigencia se instaló en 18%. Se volvía evidente la precaria sustentabilidad de un diseño económico que dependía casi exclusivamente del ingreso de capitales externos y del buen precio internacional de los metales.

Las denuncias por corrupción y crímenes políticos comenzaron a volverse más sonoras. Para colmo, apreció otro recién llegado a la política (que ya había participado en las elecciones de 1995), Alejandro Toledo; todo comenzó a traer amenazantes nubarrones sobre el límpido cielo fujimorista.

En sincronía con la embestida presidencial para lograr la segunda reelección, algunos balances de la gestión comenzaron a dar cuenta de en qué lugar de la pirámide social se apoyaba el *boom* económico.

Los salarios eran apenas 40% de lo que habían sido en 1980. Los trabajadores percibían 21.8% del PBI, contra el 31.1% de veinte años atrás, transformando al Perú en el país de la región con mayor injusticia distributiva.

Siete de cada diez trabajadores eran informales, o sea, no disponían de cobertura social alguna.

El presupuesto para educación rozaba apenas 0.6% del PBI, según un documento que la UNESCO emitiría en el año 2000.

Para peor, en 1996, la administración fujimorista había firmado con el FMI un compromiso que se extendía hasta 1999, en el que se comprometía a bajar aún más el gasto público, lo cual suponía nuevos despidos y la imposibilidad de inversión estatal en asistencia social.

Sin embargo, Alberto Fujimori iba en busca de un nuevo turno electoral en abril de 2000 con su nuevo partido: Perú 2000. El camino ya no estaba tapizado de rosas como en 1995, pero el Chino confiaba en ciertos sondeos, en su gracejo y en su buena estrella.

El informe del Centro de Investigaciones de Relaciones Internacionales y Desarrollo vuelve a retratar los prolegómenos del último intento de perpetuación de Fujimori:

"En la campaña electoral, crispada por las denuncias de falsificación de firmas para avalar la candidatura del oficialismo, del uso partidista de la televisión y de presiones tendenciosas de todo tipo, las amenazas de la OEA de no monitorear los comicios si el gobierno no corregía las irregularidades detectadas, los rumores de descontento militar en los cuarteles y los conatos de agresión de antifujimoristas furibundos en mitines de Perú 2000, el mandatario hizo recuento de sus logros económicos [...] y se dio baños de masas populistas en regiones donde había una sólida base de apoyos populares, vestido a la guisa más adecuada para el lugar, entregado a un público entusiasta y a los sones del *Ritmo del Chino*, una alegre canción acompasada que él mismo gustaba bailar sobre los entarimados".

El 9 de abril de 2000, Fujimori regresó a la arena electoral, esta vez confrontado con otro "cholo" (como él había sido en 1990), Alejandro Toledo, que forzó una segunda vuelta, a la que luego no se presentaría.

El 28 de julio, Alberto Fujimori volvió a jurar como presidente. Ahora, sin embargo, todo hacía presumir que su hora había terminado para siempre.

Las movilizaciones callejeras aumentaban en número y virulencia, las denuncias contra él y Montesinos eran cada vez más graves y certeras, hasta que el 14 de septiembre de ese año el diputado opositor Fernando Olivera logró que los medios de comunicación audiovisual difundieran un video en el que se veía a Vladimiro Montesinos pagándole 15,000 dólares a uno de los dieciséis congresistas que habían abandonado el partido de Toledo para pasarse al oficialismo.

El peor de los finales aguardaba al presidente que, en una cabriola ya sin sentido y procurando salvar lo poco que le quedaba, anunció la eliminación del SIN, liderado por su mano derecha, y convocó a nuevas elecciones para el año siguiente, autoexcluyéndose como candidato.

Hora de hacer valijas

Diez días después de la difusión del mencionado video, Vladimiro Montesinos escapó de Perú logrando que Panamá le diese asilo temporario. Un mes después regresó a Perú para desaparecer de la noche a la mañana. En el allanamiento a su domicilio se descubrió la existencia de tres cuentas bancarias en Suiza, que contenían en total 48 millones de dólares. Ya para entonces pesaba sobre él una orden judicial de detención por denuncias de corrupción, enriquecimiento ilícito, narcotráfico, torturas, asesinatos y fraude fiscal.

Algo similar tramitaba la justicia contra el presidente.

Convencido de que correría una suerte parecida a la de su jefe de Inteligencia, el 13 de noviembre, Fujimori viajó a Brunei, a la octava cumbre del Foro de Cooperación Económico Asia-Pacífico (APEC, por sus siglas en inglés), participó de ella y luego fugó a Japón. Desde allí envió su renuncia por fax.

La insólita maniobra tenía un trasfondo evidente: el Chino sabía que la ruta de la justicia estaba a la vuelta de la esquina y la cárcel sería su final. El Parlamento, por supuesto, no aceptó la renuncia, lo declaró "moralmente incapacitado" para ejercer la primera magistratura y lo destituyó.

Al terminar el año, y mientras el procurador general de justicia peruano confirmaba a los medios el evidente vínculo entre las maniobras monetarias de Montesinos y la participación en las mismas del ex presidente, Japón anunciaba que Fujimori podía permanecer cuanto quisiera en ese país, que, por otra parte, no tenía tratado de extradición con Perú. En Lima, la justicia preparaba una acusación por malversación de fondos y enriquecimiento ilícito contra él. La acusación se hizo efectiva el 13 de febrero de 2001, y fue el puntapié inicial para una catarata de acusaciones posteriores: coautor de la matanza de Barrios Altos, responsable de homicidio calificado por el presunto fusilamiento de guerrilleros y fraude al Tesoro, entre otras.

El 2 de agosto de 2001, la Corte Suprema de Justicia del Perú declaró al ex presidente "reo en rebeldía" y libró una orden de captura internacional, que habría de ser la que tiempo después lo regresaría esposado a Lima.

Desde Japón, y luego de varios meses de silencio, Alberto Fujimori volvió al ruedo. Anunció que participaría –y las ganaría– en las elecciones presidenciales de 2006, formó un nuevo partido político con él como presidente y logró que su nueva fuerza, "Sí cumple", fuese inscrita para la competencia electoral.

Contra todas las previsiones, el 4 de noviembre de 2005, el Chino abandonó su refugio de Tokio, se subió a un avión privado y al día siguiente desembarcó en el aeropuerto chileno de Pudahuel. Diez horas más tarde fue detenido por hombres de Interpol.

Después de una larga batalla judicial para lograr la extradición por parte de la justicia peruana, el 22 de setiembre de 2007, Alberto Fujimori volvió a pisar suelo peruano en calidad de preso. Pesaban sobre él decenas de causas gravísimas. Las condenas no tardaron en llegar.

Capítulo 6
Espejos deformantes

"Yo soy el que hace las leyes [...] Soy presidente, aunque *de facto*; pero yo digo que soy mayordomo, porque ahora mi tarea es limpiar la casa..."

Efraín Ríos Montt

Parece el efecto de una galería de espejos que en distintos países reproducen los perfiles deformados de supuestos salvadores de la patria que cayeron bajo la oleada del nuevo poder supra y transnacional, y de su ideología y recetas económicas inherentes.

La imagen generalizada de presidentes latinoamericanos presos, casi todos ellos envueltos en casos de corrupción, malversación de dineros públicos o, incluso, acusados de delitos contra la vida humana, no es una suma de coincidencias. Los años 90 en particular, pero ya un poco antes y también algo después, constituyeron un período en el que política, economía y relaciones de producción viraron vertiginosamente hacia una forma particular de "capitalismo" –si es posible llamarlo así–, en el que la mayoría de los preceptos que lo regían anteriormente desaparecieron de la escena. Algo totalmente nuevo se instaló en el mundo de la mano de la globalización.

Elmar Altvater, economista y sociólogo, y Birgit Mahnkopf, socióloga y politóloga, son los autores de *La globalización de la inseguridad*, una obra en la que ambos estudiosos germanos postulan que, en rigor de verdad, el neoliberalismo –esa forma nueva de la que hablamos– se apoya fundamentalmente en tres patas: trabajo en negro, dinero sucio y política informal. Dichas características –dirán los autores– nacen en los años 70 del siglo XX. De la mano del surgimiento del reagan-thatcherismo, diremos nosotros.

Ahora bien: ¿a qué se refieren exactamente los autores cuando hablan de "informalidad" tanto en el trabajo como en la economía y en la política? En lo relativo a lo laboral, dicen Altvater y Mahnkopf:

"El concepto de *sector informal* se usa sobre todo para disimular las economías de supervivencia en los países del Sur, así como para dar cuenta de la degradación de las relaciones económicas en los países industrializados, mediante redes étnicas en las que pueden encontrarse condiciones de trabajo que se apartan de las normas imperantes y que, por lo general, no son particularmente humanas".

Desde el punto de vista económico —en realidad, monetario—, los autores parten de la premisa de que en la primera mitad de la década de los 70 se desplomó el sistema de Bretton Woods, que regulaba las masas monetarias y los tipos de interés a partir de los bancos centrales, y se introdujo con fuerza la economía informal. "Si el trabajo es informal, el dinero no puede seguir siendo formal", dicen respecto de esto último.

En relación con la caída del orden monetario de Bretton Woods, se esfuma la planificación, porque las monedas son convertibles y los mercados financieros carecen de regulación. Cotizaciones y tipos de interés vuelan con alas propias sin relacionarse con la economía real. El colapso financiero internacional de 2007-2008 se erige en una prueba irrefutable de ello. Pero hay más, y más grave.

Informalidad no es solamente que un trabajador no esté registrado, no integre la plantilla oficial de una empresa ni disfrute de obra social y jubilación; *informalidad* es también el conjunto de actividades delictivas que requieren del "lavado" del dinero que producen: narcotráfico, sí, pero también evasión impositiva, fuga de divisas, etcétera.

Aquí los mencionados autores hacen un señalamiento que pone sobre la mesa el nivel que han alcanzado los instrumentos disponibles para el lavado:

"Lo llevan a cabo en grande algunos Estados, que se ofrecen como instalaciones para el lavado mediante centros financieros *off-shore*, y territorios en países desarrollados 'respetables' (*special jurisdiction*), que representan una legislación especial y laxa, como las islas del Canal de la Mancha o algunos estados de los Estados Unidos".

En el terreno de la política, entre tanto, la virtual desaparición de los Estados nacionales, sus soberanías, sus legislaciones y las ciudadanías de sus moradores, borró sus fronteras y sus capacidades de instrumentar políticas autónomas; también el vínculo con sus ciudadanos, muchos de los cuales, como formulan Altvater y Mahnkopf tienen "ciudadanías múltiples" y escaso o nulo interés en participar de la vida republicana, en la medida en que sólo las prestaciones del Estado los relacionan con ella. El verdadero gobierno ya no reside en los distintos Estados nacionales. Allí radica la informalidad de la política.

Semiprivatizado el uso de la fuerza, que pasó de la policía a las agencias de "vigiladores"; vaciados de poder los tribunales locales ante cualquier disputa de índole internacional e, incluso, local, con empresas transnacionales; y anémicos de capacidad de resolución los órganos republicanos, como el Poder Ejecutivo y el Parlamento, la política toda habita en un cono de virtualidad. Apuntan en este caso los autores:

"Los poderes informales, extraconstitucionales y extralegales corrompen las decisiones de las instituciones formales del sistema político. La venalidad que busca influir en las decisiones políticas eludiendo los procedimientos formales y legítimos previstos para el caso, las 'trenzas' activas entre la administración y los actores sociales que se ubican por sobre la ley y se favorecen alternativamente han creado una especie de 'política paralela' [...] La responsabilidad, la confianza, la seguridad ya no están 'formalmente' garantizadas".

Desaparecidas las regulaciones, las normas, los límites, las funciones y responsabilidades de cada quien, la globalización ha montado una suerte de carnaval multicolor en el que sólo se perciben los disfraces y un generalizado transformismo.

En esta etapa, a la que bien podríamos denominar *poscapitalista*, los ciudadanos reniegan de la política, aunque siguen votando; los ahorristas, de los bancos, pese a continuar depositando dinero en ellos; y los trabajadores abandonan gradualmente las ilusiones de un futuro mejor, porque antes ya han renunciado a la idea de futuro.

La seguridad, en cualquiera de las áreas que se analice, se transformó en una quimera.

Pareciera ser verdad, sin embargo, que la especie humana no se suicida. Poco perceptibles aún, pero el siglo XXI arrancó con algunas novedades que pueden o no consolidarse, pero que, cuanto menos, parecen apuntar a un cambio de tendencia. Las guerras por dominación ideológica, tanto como las de apropiación de recursos, pierden justificación en la conciencia colectiva, y un sector del mundo subdesarrollado –América del Sur, particularmente– procura regresar a los viejos modelos de soberanía nacional. Al calor de la hecatombe económica producida por el sector financiero desregulado y cerril, tanto los manuales económicos del neoliberalismo como sus gendarmes (Fondo Monetario Internacional, Banco Mundial, Organización Mundial de Comercio, etc.) comenzaron a resbalar por un tobogán de descrédito que los propios países centrales deben admitir. Son aún síntomas pequeños, es cierto, pero es lo mejor que puede exhibirse en los últimos treinta años.

En la patria de Sandino

El 10 de enero de 1997 asumía como presidente de Nicaragua José Arnoldo Alemán Lacayo, un abogado y empresario de profunda tradición conservadora y vínculos directos con la dictadura somozista (sus padres fueron funcionarios del dictador), que había gobernado al país a lo largo de treinta y dos años de forma casi ininterrumpida.

Conspicuo miembro del Partido Liberal Nacionalista, una agrupación conducida por la familia Somoza, José Arnoldo Alemán, "el Gordo", como se lo conocía, llegaba al gobierno sucediendo a Violeta Chamorro, la mujer que en 1990 le había ganado las elecciones al revolucionario Frente Sandinista de Liberación Nacional (FSLN). Alemán, que había pasado nueve meses en prisión cuando el FSLN llegó al poder y lo encarceló por sus actividades contrarrevolucionarias, no había podido superar su profundo odio hacia los líderes sandinistas, a quienes vinculaba con el asesinato de Anastasio Somoza Debayle, "Tachito" (ocurrido el 17 de septiembre de 1980 en Paraguay), el último de los integrantes de la familia Somoza en el poder.

Con la canción "Yo tengo fe", del cantante argentino "Palito" Ortega, y el lema "Por un cambio sin violencia" como estandartes de campaña, el Gordo se había impuesto en una contienda electoral en la que pesaba políticamente la profunda pobreza que asolaba al campesinado nicaragüense, luego de que Violeta Chamorro le hubiese quitado las tierras que había recibido durante la administración sandinista, para devolvérselas a los antiguos terratenientes.

El "riesgo" de que el Frente Sandinista regresara al poder movió a las comunidades nicaragüense y cubana anticastrista residentes en Miami a desplegar un fuerte apoyo económico a la campaña del entonces alcalde de Managua, para asegurarse que un hombre de la tradicional derecha conservadora y del somozismo más puro habitara la casa de gobierno.

Equilibrio inestable

Alemán llegaba al poder con dos cuestiones acuciantes que amenazaban dar por tierra con sus promesas de "profundas reformas estructurales" y la "creación de medio millón de puestos de trabajo": la restitución a sus antiguos dueños o la venta del resto de las propiedades expropiadas por el sandinismo, y el agobiante peso de la deuda externa.

Necesitaba, entonces, negociar con dos actores poderosos: el Frente Sandinista, para que lo ayudase a contener la creciente violencia existente entre la población, especialmente en el campesinado, y el Fondo Monetario Internacional, con el que debía alcanzar algún acuerdo que, cuanto menos, difiriese en el tiempo los servicios de la deuda.

Con el organismo de crédito obtuvo una condonación de 80% de la deuda, pero a cambio de la aplicación de un profundo ajuste del gasto que, en los hechos, lo obligaba a un fuerte recorte en la plantilla de los trabajadores del Estado y a una sequía casi absoluta de fondos para promover la actividad económica y el consumo; ni hablar entonces de inversión social alguna.

En tanto, con su archienemigo histórico acordó cederle el manejo de ciertas áreas de gobierno y suspender la devolución de los latifundios pendientes, a condición de que los líderes sandinistas controlaran el clima semiinsurreccional que comenzaba a crecer en el sector campesino.

De un solo plumazo, Arnoldo Alemán entraba en litigio con casi todo el arco social. Para sus aliados electorales y políticos, la forzada convivencia con los sandinistas resultó inaceptable. La pequeña clase media nicaragüense (otro de sus apoyos electorales) pronto padeció el zarpazo del desempleo y los sectores populares continuaron sufriendo la segunda renta per cápita más baja del continente, sólo detrás de Haití.

Por si todo fuera poco, en noviembre de 1998, entre los desbordes provocados por la corriente de El Niño y el huracán Mitch, se perdieron casi todas las cosechas y murieron más de mil personas de las zonas rurales.

Ya por entonces, Alemán comenzaba a polemizar con la oposición y los medios de comunicación por las denuncias de corrupción que empezaban a pesar en su contra.

Tiempo después, y tras la caída de Alemán, *El Diario de Hoy*, de Nicaragua, con la firma de Jorge Loáisiga Mayorga, publicaría:

"También se comprobó que el 23 de enero de 1998, el doctor Arnoldo Alemán pagó 15,000 dólares al señor Francisco Gerardo Blandón con un cheque del Sun Bank de Miami de la cuenta Nº 0702002225150 [...] Sin embargo, en su declaración de probidad no aparecían ni la cuenta en el Sun Bank ni la propiedad en Tola..."

Más adelante, el periodista, que enumera una larga lista de "irregularidades" en torno del patrimonio de Alemán, agrega que en su declaración de bienes:

"Tampoco aparecía La Chinampa, la famosa 'finca presidencial' ubicada en el kilómetro 27 de la Carretera Vieja a León [...] La finca había sido comprada a precio baratísimo a una cooperativa que recibió las tierras en la reforma agraria sandinista. La Chinampa tiene 615 manzanas. Legalmente también pertenecía a Geninsa, sociedad de la que era presidenta la difunta hermana del ex mandatario, Amelia Alemán Lacayo".

Al comenzar 1999, y en función del acuerdo hecho con el FMI, que le exigía equilibrio fiscal, Alemán decidió liberar el precio del boleto de los transportes públicos para poder quitarles el subsidio a los combustibles que venían recibiendo. La medida no podía haber caído en peor momento. Con una tasa de desempleo que crecía mes a mes, y con la Contraloría de la Nación acusándolo de haberse enriquecido ilegalmente (su patrimonio había aumentado en 900% en menos de dos años), el Gordo debió afrontar una masiva y dura protesta que lideraron los transportistas, pero que pronto se generalizó a otros sectores de la sociedad. Como en tiempos de Somoza, el presidente acudió a los fusiles militares para evitar un desborde de consecuencias imprevisibles.

Nada qué hacer

Sin embargo, ni la liberación del precio del boleto del transporte ni el retiro del subsidio a los combustibles pudieron materializarse. Alemán aspiraba a transitar de la mejor manera posible los casi dos años que le quedaban de mandato sin que la nave se le terminara de ir a pique.

El nivel de vida de los nicaragüenses se había derrumbado dramáticamente, existía una corrupción rampante que ya resultaba inocultable y la desnutrición cobraba vidas de a miles. Ése era el panorama que Arnoldo Alemán le dejaría a su sucesor.

En el año 2000, el diario La Prensa, de Nicaragua, informaba a sus lectores de una operación que pronto se conoció popularmente como "los checazos". Decía el periódico que Byron Jerez, director general de Ingresos Públicos, exigía notas de crédito a diferentes organismos del Estado, que iban a parar a manos de empresas ligadas a él, las que luego se cobraban a través de cheques emitidos por el erario. Luego, el dinero se transformaba en dólares a través de la agencia de cambios Multicambio y volaba a Panamá, para recalar en distintas cuentas bancarias a nombre del mismo director general de Ingresos Públicos.

Descontando su connivencia, la suerte del presidente parecía echada. Pero, llamativamente, el juez Walter Solís sólo encontró responsabilidad penal en Jerez, al que condenó a ocho años de prisión, mas nada dijo del primer magistrado. Jorge Loáisiga Mayorga vuelve a apuntar:

"Un año más tarde, el 12 de noviembre de 2001, *La Prensa* volvía a insistir en el tema y esta vez con más pruebas de la corrupción del gobierno de Alemán [...]
"Las nuevas muestras colocaban a Alemán contra la pared, al destapar el diario que, con los checazos de la Dirección General de Ingresos, se pagó parte de la deuda que tenía la sociedad Gestiones y Negocios Inmobiliarios S. A. (Geninsa), con el ahora extinto Banco de Industria y Comercio (Banic). El diario desplegó durante tres días información documentada que hacía irrebatibles sus denuncias [...] Alemán, que estaba a poco menos de un mes de concluir su mandato [...] declaró 'silencio presidencial' hasta el 10 de enero de 2002".

Desde luego, el funcionario nunca respondió las acusaciones. La propia Procuraduría General de la Nación de Nicaragua calculó, años después, que entre Arnoldo Alemán, Byron Jerez y familiares de ambos habían hecho desaparecer cerca de 100 millones de dólares del Estado.

El 7 de diciembre de 2003, la jueza Juana Méndez condenó al ya ex presidente Arnoldo Alemán a veinte años de prisión, encontrándolo culpable de lavado de dinero, malversación de fondos, peculado y asociación ilícita con el fin de delinquir.

Sin embargo, el 16 de enero de 2009, la Corte Suprema de Justicia de Nicaragua revocó la condena. Rafael Solís, el único magistrado que votó en contra del fallo mayoritario, dijo:

"Es un día muy triste para la justicia de Nicaragua. Se absuelve a un ex presidente de la República que a los ojos de toda la nación es responsable de al menos haber sustraído de las arcas del Estado la suma de $ 35 millones para su beneficio personal o para beneficio de su propio partido".

Sin embargo, la de las culpas de los funcionarios corruptos no era otra operación de lavado inhabitual en tierras latinoamericanas.

Los hombres de maíz

Guatemala es uno de los países más bellos de América Central. Bosques, playas de arena blanca, volcanes, aves y flores exóticas (entre las que se destaca la orquídea), junto con el imponente testimonio de un pasado glorioso, como son las ruinas mayas, conforman el cuerpo del hermoso vecino de México, Honduras y El Salvador, que, al mismo tiempo, es uno de los mayores exponentes de lo que fue la tragedia político-económica de América Latina durante los últimos siglos.

Guatemala exhibe, junto a su belleza natural y su pasado imperial, un amplio muestrario de las pústulas que de una manera u otra asolaron al subcontinente.

Luego de independizarse de España, el 15 de septiembre de 1821, y de separarse de la original República Centroamericana que conformaba junto a Honduras, El Salvador, Costa Rica y Nicaragua, Guatemala fue conquistada por un filibustero y esclavista norteamericano de nombre William Walker. Tras presidirla por un año (desde 1856 a 1857), Walker fue fusilado por el gobierno hondureño en 1860, pero la burguesía conservadora guatemalteca ya había dado muestras de la sumisión que habría de exhibir ante los Estados Unidos y del poco respeto que sentía por su pueblo.

Desde Walker hacia adelante, dictaduras militares conservadoras se sucedieron unas a otras para gobernar el otrora refulgente territorio de los mayas. Con el comienzo del siglo XX, y bajo la mano de hierro del dictador Manuel Estrada Cabrera, se instaló en Guatemala quien habría de ser el verdadero poder político y económico del país durante más de medio siglo: la United Fruit Company.

La multinacional norteamericana, dedicada a la explotación y el comercio de frutas tropicales, tuvo el macabro honor de implantar las dictaduras más sangrientas de la región y de ordenar una larga lista de masacres a campesinos y trabajadores rurales. Dueña de los ferrocarriles, los puertos y casi la mitad de las tierras en Guatemala, la frutera contaba además con el apoyo incondicional del gobierno norteamericano, que pronto habría de intervenir personalmente para garantizar los intereses de la empresa.

En aquellos años de fuerte desarrollo industrial y de infraestructura en la mayoría de los países del mundo, Guatemala tenía vedado construir carreteras, porque éstas colisionaban con los intereses de la multinacional, dueña de las vías férreas. Así, un territorio rico en minerales y metales fundamentales para el desarrollo en aquellos tiempos, llegó a la mitad del siglo convertida en una "república bananera".

Luego, bajo el impulso de los vientos nacionalistas y populares que recorrían América Latina, Guatemala logró quebrar casi cien años de gobiernos dictatoriales de la derecha conservadora. En 1944, un golpe militar liderado, entre otros, por el joven capitán Jacobo Arbenz, derrocó a Federico Ponce Vaides y convocó a elecciones libres, que ganó un intelectual que llevaba años de exilio: el profesor Juan José Arévalo Bermejo.

El "socialismo espiritual" (como él definía su filosofía política) de Arévalo encendió la primera luz roja en Washington. Sindicatos, una legislación laboral moderna, un instituto de seguridad social y una amplia libertad política fueron sólo algunas de las novedades que llegaron de la mano del educador formado en universidades argentinas.

En marzo de 1951, Jacobo Arbenz se convirtió en el nuevo presidente constitucional de Guatemala. Su plan de gobierno se basaba en profundizar las reformas sociales inauguradas por Arévalo, pero iba mucho más lejos: quería producir una reforma agraria que habría de transformar a los grandes latifundios en minifundios. Era demasiado para los Estados Unidos, para la compañía frutera, para los terratenientes y para la Iglesia.

Retazos de triste historia

En 1952, por expreso mandato de Dwight Eisenhower, la CIA comenzó a entrenar en Honduras a un ejército contrarrevolucionario que, con la conducción del teniente coronel Carlos Castillo Armas, penetró en Guatemala el 27 de julio de 1954. Con el apoyo aéreo de cuatro aviones norteamericanos, esta fuerza derrocó al presidente, quien jamás pudo contar con la defensa de su propio ejército.

Guatemala reproducía de modo casi idéntico lo que había ocurrido u ocurriría durante décadas en la inmensa mayoría de los países latinoamericanos: golpes militares regresivos con el apoyo más o menos explícito de los Estados Unidos.

Castillo Armas, que se ocupó puntualmente de deshacer las reformas de los dos gobiernos anteriores, fue asesinado por la naciente guerrilla en 1957. Un año más tarde, tras una serie de interinatos presidenciales, asumía como nuevo dictador el general Miguel Ydígoras Fuentes.

Este militar, de acentuado cuño conservador, fue uno de los más incondicionales socios de la política del gobierno norteamericano para la región. Formó y entrenó a los hombres que participarían en la frustrada invasión a la bahía de Cochinos, en Cuba, con el objetivo de derrocar a Fidel Castro, y cedió el territorio guatemalteco para que las Fuerzas Armadas Especiales de los Estados Unidos (los Boinas Verdes) prepararan a las organizaciones paramilitares "antiinsurgentes" más temibles y poderosas de América Latina.

Toda la década de los años 70 estuvo marcada, como en gran parte de Latinoamérica, por la lucha que se llevó adelante entre los distintos movimientos populares, y aun guerrilleros, contra las diferentes dictaduras militares. El ejemplo de la Revolución Cubana, la fuerte participación soviética apoyando tanto a los partidos comunistas como a grupos insurgentes, fogonearon el hartazgo de los proletariados y campesinados de la región para que se iniciara una fuerte confrontación contra los totalitarismos reinantes. En Guatemala esa lucha se vistió de tragedia.

Entre 1978 y 1986, con las sucesivas dictaduras militares de Fernando Romeo Lucas García, Efraín Ríos Montt y Óscar Humberto Mejía Víctores, Guatemala padeció un genocidio de más de 250 000 obreros y campesinos muertos, y alrededor de 45 000 militantes populares desaparecidos.

No fue todo. Cerca de un millón y medio de mayas fueron desplazados de sus territorios y muchos de ellos integraron la lista de campesinos fusilados por el ejército. Alrededor de 450 aldeas mayas fueron borradas de la faz de la tierra.

El general José Efraín Ríos Montt fue el presidente militar *de facto* que menos tiempo ocupó la primera magistratura, entre

1982 y 1983. Sin embargo, su gobierno se caracterizó por ser uno de los más sanguinarios de la historia guatemalteca del siglo XX. Creó un grupo criminal de paramilitares al que bautizó con el nombre de Patrullas de Autodefensa Civil (PAC), que se ocupó de aterrorizar y matar a cuanto dirigente estudiantil, obrero, campesino o indígena alzara la voz en contra de la dictadura, y de perseguir a sangre y fuego a la guerrilla izquierdista, sin reparar en arrasar poblaciones civiles que podían, supuestamente, servirles de apoyo.

En sus breves dieciséis meses de mandato, la dictadura de Ríos Montt dejó un saldo de más de 60 000 civiles muertos, en su gran mayoría mayas desarmados e indefensos, unos 20 000 desaparecidos, y salas de torturas esparcidas por todo el territorio. Tan sanguinario fue su accionar, que los propios militares lo derrocaron un año y cuatro meses más tarde de asumir. Pero Efraín Ríos Montt no estaba dispuesto a pasar a cuarteles de invierno. Creó su propio partido, el Frente Republicano Guatemalteco (FRG) y, paradójicamente, se transformó en presidente del Congreso en varios períodos. Jamás pudo retornar a la presidencia por la vía de las urnas, porque pesaban sobre él cargos por genocidio, torturas, terrorismo de Estado, etc., pero alcanzaría el poder de forma indirecta cuando Alfonso Portillo se convirtió en presidente, en 1999.

Un hombre singular

La historia política de Alfonso Antonio Portillo Cabrera es singular por donde se la mire. Siendo aún muy joven, emigró a México para cursar sus estudios universitarios. Se licenció en Ciencias Jurídicas y Sociales en la Universidad de Guerrero y más tarde se doctoró en Ciencias Económicas en la UNAM. Tenía apenas treinta años cuando el 23 de agosto de 1982, en Chilpancingo, en estado de ebriedad y en medio de una discusión política, desenvainó su pistola, mató a dos hombres e hirió gravemente a un tercero.

Perseguido por la justicia mexicana, se dio a la fuga y desapareció hasta 1995, año en que la jueza a cargo de la causa consideró que la misma ya había prescrito.

Hasta 1982, Alfonso Portillo Cabrera era un militante por los derechos de los obreros, los campesinos y los indígenas brutalmente masacrados por la dictadura de Ríos Montt. Estaba vinculado estrechamente al Ejército Guerrillero de los Pobres, un grupo armado que operaba en Guatemala y que, también en ese año, se fusionó con otras tres organizaciones insurgentes conformando la Unidad Revolucionaria Nacional Guatemalteca (URNG).

Sin embargo, hacia 1989, año en el que Portillo regresó a Guatemala, los ímpetus revolucionarios del abogado y economista habían mermado notablemente. Se adhirió al Partido Social Democrático (PSD), rémora de la antigua izquierda insurgente, pero pronto comenzó su giro hacia la derecha. Primero recaló en la Democracia Cristiana Guatemalteca (DCG), que por entonces ejercía el poder en el país, y algunos años más tarde, tras disfrutar de las mieles que regalaba el partido gobernante, completó su giro ideológico de 180 grados sumándose al Frente Republicano Guatemalteco (FRG), de su otrora encarnizado enemigo Efraín Ríos Montt.

Era 1995 y Portillo no sólo había dejado de ser un criminal prófugo de la justicia mexicana, sino que aspiraba a transformarse en presidente de su país, aupado por el general al que tanto había combatido.

A hombros del viejo enemigo

Precisamente el 12 de noviembre de 1995 se celebraban las elecciones presidenciales en Guatemala, y Ríos Montt ("el General", como se lo identificaba popularmente), pese a ostentar el cargo de presidente del Congreso Nacional, había sido inhabilitado por el Tribunal Supremo Electoral, en virtud de haber "alterado el orden constitucional", según reza la Carta Magna guatemalteca. El General necesitaba un delfín y ese hombre fue su nuevo aliado, Alfonso Portillo.

A pesar de su incomprensible metamorfosis ideológica, cada uno de los movimientos del abogado economista tenía una profunda lógica interna: el acceso al poder. Se había mudado a la centroderechista Democracia Cristiana en tiempos en que ésta era gobierno y ostentaba una enorme fortaleza política. Cuando el declive de los democristianos se tornó evidente, producto de la ascendente pauperización de las clases medias guatemaltecas y la creciente violencia, Portillo abandonó la nave para refugiarse en el FRG. A mediados de la década de los 90, el partido del General había logrado captar la simpatía de las ricas comunidades evangélicas (Ríos Montt era un evangelista furioso), de los terratenientes y de una clase media que, agobiada por la violencia, comenzó a suscribir los postulados anticomunistas del General.

Era momento, entonces, de subirse a un nuevo carro político, aunque éste fuese la viva expresión de la derecha más recalcitrante.

Y aunque las presidenciales de noviembre de 1995 no fueron el trampolín hacia la primera magistratura, probaron que el ex simpatizante de la guerrilla no estaba lejos de alcanzar sus objetivos. Había perdido por 14 puntos en la primera ronda electoral contra un político conocido y probado, y en la segunda vuelta la diferencia fue de escasos 2 puntos y medio.

Las elecciones de 1999 se convirtieron, efectivamente, en la puerta de entrada a la presidencia de Guatemala para Alfonso Antonio Portillo Cabrera. Aquella consigna que los militantes del FRG habían levantado en 1995, "Alfonso Portillo presidente, Ríos Montt al poder", se volvió absolutamente concreta. Portillo cargaría la gorra de capitán, pero otro conduciría el barco.

Con el marco del miedo

En casi toda América Latina, el siglo XXI llegaba con una presencia inquietante: la inseguridad ciudadana. La década de los 90, con su fuerte proceso de exclusión, sumado a la revolución informática, que eliminaba miles de puestos de trabajo y convertía a amplias masas de trabajadores en virtuales "analfabetos", produjo un enorme nicho de desocupados estructurales, algunos de los cuales debieron acudir a la delincuencia para sobrevivir.

También por ese tiempo, los barones de la droga habían extendido su negocio hacia el mundo subdesarrollado, con el objetivo de colocar sus productos remanentes o de menor calidad. Nada debía ser desechado, y a Latinoamérica llegaron estupefacientes a precios módicos para consumo masivo. El coctel de marginación más droga al alcance de la mano resultó explosivo.

Guatemala no era la excepción, y sobre esa situación de inseguridad que perturbaba en especial a las clases medias, y aun a obreros y campesinos, se montó Alfonso Portillo. Prometiendo balas para los delincuentes y la posibilidad de instalar la pena capital, el ex guerrillero se alineaba a la perfección con su jefe, que había probado la brutalidad de la que era capaz.

Catorce días después de comenzado el nuevo siglo, Alfonso Portillo se convirtió en presidente de una Guatemala que exhibía dos datos económicos acuciantes: 2,300 millones de dólares de deuda externa pública (la privada sumaba otro tanto) y 35% de desocupación.

El nuevo mandatario prometió alcanzar un acuerdo de paz con la guerrilla de la URNG, combatir a punta de pistola a la delincuencia y crear miles de puestos de trabajo. Claro que, como en otros países de la región, todo estaba supeditado al oxígeno que estuviesen dispuestos a conceder los organismos de crédito internacionales.

Los guatemaltecos no debieron esperar demasiado para conocer la respuesta. A mediados de ese año, el FMI informó que sólo un ajuste estructural en las cuentas del Estado abriría sus grifos; no las políticas expansivas generadoras de empleo ni los subsidios para abaratar la alimentación básica de la población.

La caridad bien entendida

En febrero de 2001, o sea, trece meses después de asumir como presidente, Portillo se vio envuelto concretamente en una operación oscura. En la calle, los rumores sobre un estado de corrupción generalizado en el seno del gobierno eran moneda corriente, pero recién ese mes se conoció parte de la trama: la Junta Monetaria de Gobierno debió salir presurosa a recapitalizar tres entidades bancarias que estaban a punto de entrar en bancarrota. La friolera de 190 millones de dólares salió del erario para proceder al salvataje de los bancos, dos de los cuales, el Metropolitano y el Promotor, tenían como presidente en un caso y vicepresidente en el otro a Francisco Alvarado Mcdonald, asesor y amigo personal del presidente.

Y si el año no había comenzado bien para el gobierno, empeoró al comenzar agosto, cuado la administración portillista decidió aumentar en 2 puntos el valor del IVA. Buscaba mejorar las cuentas del Estado, estragadas por los servicios de la deuda externa.

El aumento del impuesto al valor agregado provocó un importante salto en el costo de vida, en especial en los artículos de primera necesidad, y de modo que sindicatos, organizaciones de izquierda y agrupaciones campesinas salieron a la calle manifestando su repudio a la medida. Ahora era el gobierno el temeroso.

Querer observar las recetas del Fondo y pretender un pueblo feliz y aplaudiendo no parecían ser aspiraciones conciliables entre sí. Las protestas crecían en intensidad y violencia y forzaron al gobierno a dictar el estado de sitio en Totonicapán, una de las regiones más convulsionadas.

¿Servir a dos amos?

No, las dos aspiraciones mencionadas no podían conciliarse. La política fondomonetarista del presidente, sumada a una corrupción rampante en el seno de la administración, devoraba todo intento por aquietar las aguas. En un país que ya por entonces tenía 27% de indigencia, cuyo 56% de la población era pobre, en el que miles de niños morían anualmente por desnutrición y con los salarios de los trabajadores entre los más bajos del planeta, la tranquilidad política sonaba a utopía.

En marzo de 2002, el periódico *Siglo Veintiuno* dio a conocer una información que, de muchas maneras, develaba el modo en que los amigos del presidente desplumaban el Tesoro nacional.

El vicepresidente de la nación, Juan Francisco Reyes López, su hijo, Juan Francisco Reyes Wild, que era a la sazón director del Instituto de Fomento Municipal, y el secretario privado de la presidencia, Julio Girón, tenían trece cuentas bancarias en Panamá, que albergaban un total de cincuenta millones de dólares. El dinero había sido sacado del país y transferido a cuatro empresas fantasma, propiedad de los implicados. Un año después (en una suerte de *déjà vu* latinoamericano), la investigación había quedado en la nada. Pero el deterioro político del gobierno resultó enorme. Pocos creyeron que la Fiscalía General hubiese hecho bien su trabajo.

El 24 de mayo de 2003, en razón de las elecciones que habrían de celebrarse a finales de año, el FRG disparó una clara y preocupante señal para la clase política (Portillo incluido), para la justicia electoral y para la sociedad guatemalteca en general: proclamó la candidatura del General para el próximo turno presidencial.

En junio, tanto el Tribunal Supremo Electoral como la Corte Superior de Justicia le negaron a Ríos Montt la posibilidad de competir por la presidencia del país, pero la Corte de Constitucionalidad –tribunal supremo de Guatemala– ordenó que se autorizara la candidatura del General.

La oposición política elevó un pedido de amparo a la Corte Superior de Justicia, que atendiendo el reclamo suspendió provisoriamente la inscripción de Ríos Montt como candidato.

La tensión se volvió extrema y el anciano general se dispuso a resolver el conflicto a su manera: por la fuerza.

Presiones y "negocios"

El 25 de julio de 2003, el periódico *Prensa Libre* narraba los hechos del día anterior, que luego sería recordado como Jueves Negro. Decía el medio:

"Centenares de eferregistas fuera de control tomaron ayer calles y sectores de la capital. Con los rostros cubiertos y armados con palos, piedras, machetes y armas de fuego exigieron la inscripción de José Efraín Ríos Montt como candidato presidencial del FRG. Los movimientos comenzaron desde la madrugada. Alrededor de cincuenta buses procedentes principalmente de Quiché, Totonicapán, Jalapa Jutiana y Las Verapaces arribaron a la capital a las 5 de la mañana, con cientos de campesinos simpatizantes del Frente Republicano Guatemalteco (FRG), y se dirigieron a puntos estratégicos de la ciudad".

El periódico daba cuenta de que los campesinos y militantes encapuchados atacaron edificios públicos y se manifestaron a favor de esa suerte de golpe de Estado institucional que había liderado el General. Apalearon a los periodistas que se cruzaron en su camino y lanzaron decenas de bombas incendiarias. Concluye el periódico:

"Los encargados del movimiento portaban radios, teléfonos celulares e intercomunicadores similares a los utilizados por el Estado Mayor Presidencial, y armas cortas y miniuzis".

La policía sólo observó los sucesos durante las treinta horas que duraron los desmanes, y el viejo dictador logró su propósito de ser candidato a presidente. En diciembre de ese año, Óscar Berger, tras disputar la segunda vuelta electoral con Ríos Montt, se convirtió en el nuevo presidente de Guatemala. El General obtuvo apenas 19% de los votos, pero su partido se erigió en la segunda fuerza política del país.

Alfonso Portillo se convirtió automáticamente en diputado, con lo que conservó su inmunidad hasta febrero de 2004. Ya pesaban sobre él cincuenta y dos denuncias por peculado, fraude y malversación de fondos, por lo que ese mismo mes de febrero, sin fueros que lo protegieran, huyó a México vía El Salvador.

Poco tiempo después, la Fiscalía General lo acusó formalmente de haber autorizado que parte de una transferencia de 15.7 millones de dólares hecha al Ministerio de Defensa fuese a dar a las cuentas de su amigo Armando Llort Quiteño. La suma desviada, según el Ministerio Público, era de 4.5 millones de dólares.

En 2005, el gobierno guatemalteco pidió a México la extradición del ex presidente; recién la obtuvo en octubre de 2008. En abril de 2009, Nuevo Mundo Radio informaba que, además de la causa principal por el desvío de fondos destinados al Ministerio de Defensa, la Fiscalía "aún trabaja sobre la responsabilidad del ex gobernante en otro proceso, por el desvío de Q 906 millones durante su administración. A eso se suma la investigación sobre la inmovilización de 2.8 millones en cuentas familiares de Portillo, las cuales se habrían nutrido con fondos provenientes del Estado, de una donación del gobierno de Taiwán y una asignación para la refacción escolar".

Los 906 millones de quetzales a que hace referencia el artículo eran, aproximadamente, unos 43 millones de dólares, y los 2.8 millones de quetzales importan algo así como 150 mil dólares.

Alfonso Portillo Cabrera, entonces, debe rendir cuentas ante la justicia de su país y la Comisión Internacional contra la Impunidad en Guatemala (Cicig) por alrededor de 50 millones de dólares.

Todo suena a algo ya escuchado.

Epílogo

"Se va a licitar un sistema de vuelos espaciales mediante el cual, desde una plataforma que quizás se instale en la provincia de Córdoba, esas naves espaciales van a salir de la atmósfera, van a remontar a la estratósfera y desde ahí, elegir el lugar donde quieran ir, de tal forma que en una hora y media podamos desde Argentina, estar en Japón, en Corea o en cualquier parte."

Carlos Saúl Menem, hablándoles a los niños de una humilde escuela de frontera en Tartagal, Salta, 1996.

El siglo XIX fue el siglo de la independencia para América Latina. Unos antes, otros después, la mayoría de los países del subcontinente rompieron su sujeción al reino de España y se transformaron en Estados soberanos. Lo hicieron, en algunos casos, no más de tres o cuatro décadas más tarde que los Estados Unidos; o sea, en términos históricos, muy poco tiempo después. Como apunta Carlos Montaner:

"Todas las capitales latinoamericanas y media docena de universidades ya habían sido fundadas cuando Chicago no existía y Nueva York sólo era un caserío barrido por un viento helado".

Sin embargo, la historia de Latinoamérica es una saga de dependencia, estragos y subdesarrollo. Países con un poderío enorme en cuanto a recursos naturales y humanos acabaron envueltos en el atraso y la pobreza, cuando ninguna situación objetiva lo hacía prever.

¿Qué pasó?

Desde la mitad del siglo XX en adelante, dilucidar la "cuestión" del atraso y la pobreza latinoamericana se transformó en obsesión para muchos economistas, sociólogos e historiadores. Se produjeron cientos de obras al respecto. Sus aportes fueron valiosos, pero el dilema continúa sin resolverse.

Acaso, y sin coincidir con él en otros aspectos, el aporte de José Ignacio García Hamilton, se nos ocurre, sea el que más y mejor se acerca al nudo de la cuestión.

Para el pensador argentino, la determinante incidencia de la Iglesia católica y el militarismo en la vida política de los pueblos, como legado cultural de la dominación española, impidieron la consolidación de modelos democráticos sustentables y el desarrollo de economías abiertas a la acumulación capitalista y la industrialización, mediante la incorporación de nuevas tecnologías.

La inmensa mayoría de los próceres latinoamericanos fueron militares y el protestantismo jamás hizo pie en la región. Todo lo contrario de lo que ocurrió, por ejemplo, en los Estados Unidos.

Si esto fuera así, surge aquí un manojo de elementos que se combinan para potenciar el estrago que el neoliberalismo produjo en Latinoamérica.

Efectivamente dependientes en lo económico de los organismos multilaterales de crédito y de los gobiernos centrales, los países de la región entraron a los empujones en un modelo económico que les era decididamente ajeno. Un Estado virtualmente ausente y servicios públicos en manos privadas conformaban, juntamente con un paquete tecnológico que entró de golpe, una novedad de difícil asimilación para América Latina.

En paralelo, décadas de burocracia estatal, paternalismo y verticalismo, en general autoritario, parecieron dejarle lugar a un modelo económico-político que proclamaba la liberación de las capacidades individuales de las personas, las iniciativas privadas y la reclusión del Estado regente en el desván de los recuerdos.

Así, el neoliberalismo aterrizaba en tierras latinoamericanas con aires de renovación y esperanza, en especial entre las clases medias. "Grandes inversiones extranjeras", "tecnología de punta" y monopolios con rostro amable que llegaban desde tierras lejanas para mejorarle la vida a la "gente" (ya no se hablaba de *pueblo*) eran las naves insignias que despuntaban en el horizonte.

Sin embargo, ¿quién podría conducir tan flamante proceso?

La vieja clase política no, eso era evidente. Debían venir hombres de afuera, y si eran de dentro, debían tener un discurso y actitudes acordes con los nuevos tiempos. Nada de Estado benefactor ni partidos políticos a la vieja usanza.

Había, sin embargo, un dato inquietante que el nuevo *establishment* neoliberal vernáculo procuraba esconder entre las cobijas: en Chile, el "flamante proceso" estaba siendo conducido con éxito (o sea, ajustándose a los manuales neoliberales) por una vieja y sanguinaria dictadura militar.

Ocurría, en realidad, que en una región culturalmente preparada para aceptar y hasta apoyar gobiernos totalitarios y poco afectos al respeto de la ley, el nuevo modelo encontró tierra fértil.

Se trataba de concentrar riquezas evitando la molesta mirada del Estado, de abrir el juego hacia la ley del más fuerte y de asegurar la primacía del negocio financiero por encima de la economía real. Hacían falta, entonces, gobiernos complacientes y hasta cómplices, para que tolerasen y defendiesen el nuevo estado de cosas. Llenar los bolsillos de los funcionarios siempre fue una ayuda invalorable. Todo, tal y como había ocurrido en tiempos en que la Corona Española administraba estas tierras desde la lejana Cádiz, por medio de sus virreyes y gobernadores, diría García Hamilton.

Ya al final de esta somera galería de exacciones a los respectivos Estados nacionales, de actitudes falaces, de robo descarado, queda por detallar lo que la brevedad de este texto nos impide: el saldo total de hambre, pobreza y desencanto de toda esa era infame.

El lector interesado podrá consultar la bibliografía que en parte usamos y que en su totalidad sugerimos. En no pocos de esos títulos hallará cifras, estadísticas, porcentajes de desnutrición infantil, tasas de desempleo y analfabetismo. Pero si el lector es latinoamericano y lee en su propia tierra, si además es socialmente sensible y ejerce su capacidad de reflexión, bastará con que recorra parte de su propio país, no necesariamente los arrabales, las regiones distantes, o no sólo ellas.

A las puertas de las grandes ciudades que se soñaron autónomas, libres y pujantes, los bolsones de pobreza dan cuenta de toda una historia que los años de neoliberalismo llevaron a su expresión más nefasta. Ese mismo lector sabrá juzgar a los responsables internos del robo y el desencanto de millones de seres. Verá tristeza, postergación, encono.

Ojalá vea también una lúcida voluntad y una encendida esperanza.

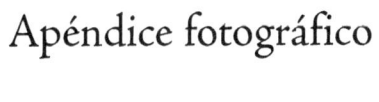

Apéndice fotográfico

Neoliberalismo: los pilares

Ludwig Heinrich Edler von Mises (1881-1973). Economista y filósofo social austrohúngaro, decano de la Escuela Austríaca de Economía.

Friedrich August von Hayek (1899-1992). Filósofo y economista de la Escuela Austríaca. Padre del liberalismo moderno, Premio Nobel de Economía en 1974.

Escudo del FMI. Fue concebido en 1944, en una convención de la ONU en Bretton Woods, Estados Unidos, y creado en 1945. Su misión: "Facilitar el comercio internacional y reducir la pobreza".

Milton Friedman (1912-2006). Economista e intelectual estadounidense. Exponente del monetarismo neoclásico de la Escuela de Chicago, Premio Nobel de Economía en 1976.

NEOLIBERALISMO: LOS ADALIDES

White House Photographic Office

Margaret Thatcher Foundation

Ronald Wilson Reagan (1911-2004). Cuadragésimo presidente de los Estados Unidos de América, entre 1981 y 1989.

Margaret Thatcher (n. 1925). "La Dama de Hierro". Primera ministra del Reino Unido entre 1979 y 1990.

United States Federal Government

Marcando pautas. Margaret Thatcher y Ronald Reagan encabezan una reunión de sus respectivos gabinetes de ministros. Washington, febrero de 1981.

Modelo y referente

Por los pobres. El pintoresco gobernador de La Rioja, Carlos Saúl Menem (n. 1930), aún con el aspecto de caudillo provincial. Como presidente de la Nación Argentina desde 1989 a 1999, estableció una política de ajustes y privatizaciones que sirvió de modelo a otros gobiernos de la región.

Fotos: Archivo Diario *Clarín*

Un buen alumno. Ya con traje de seda y cirugías estéticas en el rostro, Menem recibe al Secretario de Defensa de los Estados Unidos, William S. Cohen, y a su esposa Janet. Casa Rosada, Buenos Aires, 1999.

ALGUNOS ROSTROS DEL AJUSTE

Jaime Abdalá Bucaram Ortiz (n. 1952). Presidente de Ecuador del 10 de agosto de 1996 al 6 de febrero de 1997. Apodado "el Loco", fue destituido por "incapacidad mental".

Epiovesan

Alfonso Antonio Portillo Cabrera (n. 1951). Presidente de Guatemala entre 2000 y 2004. Acusado de corrupción, huyó a México.

Gobierno de Guatemala

Gobierno de Nicaragua

José Arnoldo Alemán Lacayo (n. 1946). Presidente de Nicaragua entre 1997 y 2002. El suyo fue uno de los gobiernos más acusados de corrupción.

Un breve mandato

Los ex presidentes del Brasil Fernando Henrique Cardoso (izquierda) y José Sarney (derecha), en una ceremonia oficial junto a Fernando Collor de Mello (n. 1949). Éste fue presidente sólo de 1990 a 1992 y debió renunciar por escándalos de corrupción.

Cubierta de la revista *Veja*, donde el hermano del presidente, Pedro Collor (1952-1994), denunció los negocios sucios del gobierno.

Fernando Collor, "reciclado" en la política, hace campaña como candidato a gobernador de Alagoas. Septiembre de 2006.

CRISIS Y "LIBERALISMO SOCIAL"

Los tres presidentes mexicanos de la era neoliberal. Arriba a la izquierda:
Miguel de la Madrid Hurtado (n. 1934), período 1982-1988.
Abajo (en foto colectiva): Carlos Salinas de Gortari (n. 1948), período
1988-1994. Arriba a la derecha: Ernesto Zedillo Ponce (n. 1951),
período 1994-2000.

Octubre de 1992. Firma del NAFTA (North American Free Trade
Agreement). México se integra a un bloque comercial con Canadá y
Estados Unidos. De pie, Salinas de Gortari, George H. W. Bush y el
Primer Ministro Brian Mulroney. Sentados, Jaime Serra Puche, Carla
Hills y Michael Wilson.

PETRÓLEO ESFUMADO

Fotos: United States Goverment

Una riqueza no aprovechada. Carlos Andrés Pérez (n. 1922) ejerció la presidencia de Venezuela en dos oportunidades, de 1974 a 1979 y de 1989 a 1993. Aquí, con James Carter en 1977.

Pérez pasó de liderar la "Venezuela Saudita" a reprimir el "Caracazo"; del nacionalismo revolucionario al neoliberalismo. Terminó con causas judiciales y expulsado del gobierno. Aquí, dos imágenes de 1990, con George Bush.

Culpables e inocentes

Lantheboo

Alberto Fujimori (n. 1938), el ex presidente de Perú, abanderado del neoliberalismo, en una sesión del juicio que lo condenara a veinticinco años de prisión.

Interamerican Foundation

Poco más de dos décadas, las finales del siglo XX, trajeron una ilusión de progreso y bienestar, desmentida luego por un saldo de mayor pobreza, desocupación, pérdida de recursos naturales. Entrado el siglo XXI, ya pasado el ojo del huracán neoliberal, un subcontinente espera.

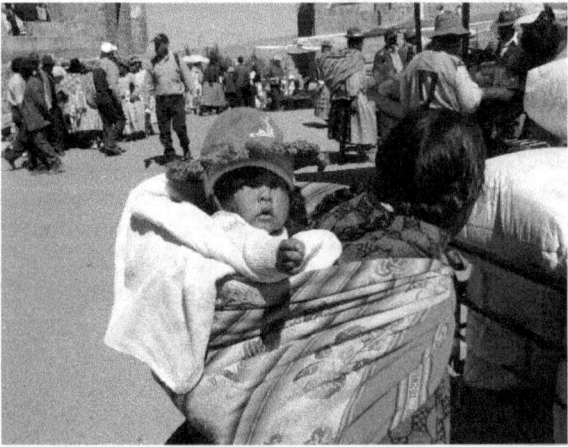

Guy Xhonneux

BIBLIOGRAFÍA

- Altvater, Elmar y Birgit Mahnkopf; *La globalización de la inseguridad*, Buenos Aires: Paidós, 2008.
- Caballero, Esteban; "Wasmosy. A tientas en un mundo hostil", *Nueva Sociedad*, número 137, Buenos Aires: 1995.
- Cecchini, Daniel y Jorge Zicolillo; *Los nuevos conquistadores*. Madrid: Foca, 2002.
- Dávila, Israel y Silvia Chávez; "Hallan muerto a Enrique Salinas de Gortari; llevaba horas desaparecido", *La Jornada*, México: 2004.
- Dos Santos, Theotônio: *La teoría de la dependencia*, Barcelona: Plaza & Janés, 2002.
- Espinosa Cordero, Simón; *Abdalá Bucaram Ortiz*, Pichincha: Edufuturo, 2006.
- Freire, Paulo; *Cartas a Cristina*, México: Siglo XXI Editores, 1996.
- García Hamilton, José Ignacio; *El autoritarismo y la improductividad*, Buenos Aires: DeBolsillo, 1998.
- García Morales, Federico; "Las privatizaciones: economía política de la subasta de América Latina", *Globalización*: *http://rcci.net/globalizacion/index.htm*, 2009.
- Hobsbawm, Eric; *Historia del siglo XX*, Barcelona: Crítica, 1995.
- Huntington, Samuel; *El orden político en las sociedades en cambio*, Buenos Aires: Paidós, 1968.
- Labaqui, Ignacio; "Las causas de la corrupción: un estudio comparado", *Colección*, año IX, número 14, Buenos Aires: Universidad Católica Argentina, 2003.
- Lara Castro, Jorge; "Paraguay", *Nueva Sociedad*, número 144, Buenos Aires: 1996.

- Loáisiga Mayorga, Jorge; "La caída de Arnoldo Alemán", *El Diario de Hoy*, Managua: 2004.
- Lukin, Tomás; "Los paraísos fiscales. Un infierno", *Cash*, suplemento de *Página 12*, Buenos Aires: 2009.
- Méndez, Claudia; Sandoval, Julieta; Reynoso, Conie; Pop, Pedro y Lorena Seijo; "Jueves Negro: Turbas del FRG causan terror en la capital", *PrensaLibre.com: www.prensalibre.com*, 2003.
- Oppenheimer, Andrés; *Ojos vendados. Estados Unidos y el negocio de la corrupción en América Latina*, Buenos Aires: Sudamericana, 2001.
- Poblet, Ernesto; "Paralelismo entre Collor de Mello y Kirchner", *Periodismo de Verdad: www.periodismodeverdad.com.ar*, Buenos Aires: 2008.
- Ramonet, Ignacio; *Guerras del siglo XXI. Nuevos miedos, nuevas amenazas*, Barcelona: Mondadori, 2002.
- Ruiz Caro, Ariela; "Las privatizaciones en el Perú: un proceso con luces y sombras", *Nueva Sociedad*, número 207, Buenos Aires: 2007.
- Sant Roz, José; *Ahora con el palo, pero sin las pelotas*, Caracas: Aporrea, 2006.
- Sen, Amartya; *Desarrollo y libertad*, Buenos Aires: Planeta, 2000.
- Villavicencio, Fernando; "Correa y Odebrecht: *Tudo bem* - El retorno de los que nunca se fueron", *Argenpress: www.argenpress.info*, Buenos Aires: 2008.
- Vinogradoff, Ludmila; "Corrupción y faldas en la cúpula venezolana", *El País*, Madrid: 1992.

- "Abdalá Bucaram Ortiz", Barcelona: Centro de Investigaciones de Relaciones Internacionales y Desarrollo, 2007.
- "Alberto Fujimori", Barcelona: Centro de Investigaciones de Relaciones Internacionales y Desarrollo, 2009.
- "Bucaramato: en 3 días se esfumaron $3.5 millones", *EcuadorInmediato: www.ecuadorinmediato.com*, Quito: 2005.
- "Carlos Salinas de Gortari", Barcelona: Centro de Investigaciones de Relaciones Internacionales y Desarrollo, 2008.

- "Cicig tiene más de 50 pruebas contra Alfonso Portillo", *Nuevo Mundo Radio*: *http://nuevomundoradio.com/*, Guatemala: 2009.

- "Fernando Collor de Mello", Barcelona: Centro de Investigaciones de Relaciones Internacionales y Desarrollo, 2002.

Índice

OTROS TÍTULOS DE ESTA COLECCIÓN

Fabián Berenstein
GO HOME!
Intervenciones de la CIA y los Marines
en América Latina

Desde su independencia, Estados Unidos ha demostrado una vocación expan-
sionista expresada sobre todo con sus
vecinos del sur. La historia de las injerencias norteamericanas en esa parte del
continente incluye presiones diplomáti-
cas y económicas, sabotajes, asesinato de
líderes políticos, creación de ejércitos
mercenarios… Aquí desfilan la CIA, los
Marines y el Departamento de Estado,
en un accionar que ya lleva siglos.

Gabriel Glasman
EL CAMARADA INCÓMODO
La caza de León Trotsky por el poder
stalinista

León Trotsky, héroe de la Revolución
Rusa de 1917, sufrió el exilio a raíz de su
enfrentamiento ideológico y político con
Josef Stalin, el hombre fuerte del poder
soviético. Asesinado en México, país que
le concediera asilo, su nombre y sus obras
aún respaldan organizaciones políticas
en todo el mundo. Ésta es la trama de una
tenaz persecución, y de un magnicidio
ejecutado en tiempos en que los que
soñar un mundo justo parecía la mejor
opción posible.

José Andrés López
¡MATEN A FIDEL!
La apasionante trama de los
atentados contra el líder cubano

Desde 1958 hasta nuestros días, Fidel
Castro ha sido objeto de más de 600
atentados, fallidos o neutralizados. No
hay ningún otro mandatario en el mundo
que registre tal récord. Ello habla tanto
de una persistente obsesión por asesinarlo como de la eficiencia de los servicios de
seguridad de la Isla. José Andrés López
logra trazar un breve, pero apasionante,
panorama de ese medio siglo de tentati-
vas, en un libro documentado y revelador.

Gabriel Glasman
LA SINIESTRA TRIPLE A
Antesala del Infierno en la Argentina

La violencia en Argentina, como en el resto de América Latina, ha estado unida a su historia desde los inicios de su camino como nación independiente. Con el advenimiento del llamado "Proceso" militar en 1976, el infierno represivo fue atroz. Pero hubo antes una antesala de ese baño de sangre: la Triple A, suerte de "escuadrón de la muerte" nacido en ciertas estructuras de un gobierno democrático, el tercero y último protagonizado por el general Perón. Ésta es la síntesis de esa tragedia.